Claudia Maurer · Shi Xing Mi
Gib nicht alles, gib das Richtige

CLAUDIA MAURER · SHI XING MI

GIB NICHT ALLES, GIB DAS RICHTIGE

DIE **SHAOLIN-STRATEGIE** FÜR MANAGER

Bibliografische Information der Deutschen Bibliothek

Die Deutsche Bibliothek verzeichnet diese Publikation
in der Deutschen Nationalbibliografie; detaillierte bibliografische Daten
sind im Internet unter http://dnb.ddb.de abrufbar.

Verlagsgruppe Random House FSC® N001967
Das für dieses Buch verwendete FSC®-zertifizierte Papier
EOS liefert Salzer Papier, St. Pölten, Austria.

© 2014 Ariston Verlag in der Verlagsgruppe Random House GmbH
Alle Rechte vorbehalten

Das Buch entstand in Zusammenarbeit mit Stephanie Ehrenschwendner
Redaktion: Dr. Diane Zilliges
Umschlaggestaltung: Eisele Graphik Design, München
Illustrationen: Francesca Serafini
Satz: EDV-Fotosatz Huber/Verlagsservice G. Pfeifer, Germering
Druck und Bindung: GGP Media GmbH, Pößneck
Printed in Germany

ISBN 978-3-424-20107-9

Inhalt

Werden Sie der Beste, der Sie sein können. 9
Messen Sie Ihren Shaolin-I-Qi 13

ACHTSAMKEIT
Achten Sie nicht auf alles, achten Sie auf das Richtige

Der Unterschied macht den Unterschied. 29
    Praxis: Achtsamkeitscheck. 32
    Praxis: Die Zehn-Steine-Übung 35
Die richtige Geschwindigkeit erhöht die
Beobachtungsgabe 37
    Praxis: Offline statt online. 39
Trinken Sie Tee und nicht Ihre Gedanken. 42
    Praxis: Counting-Meditation 45
    Praxis: Zelebrieren ist Meditation. 48

BALANCE
Tragen Sie nicht alles, tragen Sie das Richtige

Optimieren Sie Ihre Qi-Bilanz 55
    Praxis: Teatime 56
    Praxis: Killer oder Booster? 58

Ihr Körper ist Ihre Waffe 61
  Praxis: Shaolin Ba Duan Jin –
  die Acht Edlen Übungen 65
Hart und weich zur gleichen Zeit. 82
  Praxis: Das Iron-Manager-Training 85

DISZIPLIN
Strengen Sie sich nicht für alles an, strengen Sie sich für das Richtige an

Fleiß oder Hingabe? 91
  Praxis: Der Kung-Fu-Test 93
Macht oder Ohnmacht ist eine Frage der Disziplin.... 94
  Praxis: Richtig Handeln ist eine Frage der richtigen
  Disziplin 95
  Praxis: Kung Fu Thinking statt Kung Fu Fighting ... 98
Wu De – die Tugenden des richtigen Handelns. 100
  Praxis: Wie tugendhaft sind Sie? 105

KLARHEIT
Konzentrieren Sie sich nicht auf alles, konzentrieren Sie sich auf das Richtige

»Heilig« und »profan« – alles hat zwei Seiten. 111
Praxis: Den mittleren Weg entdecken 115
Die Gesetze der Wildnis 116
  Praxis: Survivaltraining 120
Ihre Energie sagt mehr als Ihre Worte 122
  Praxis: Feel the Spirit 125
  Praxis: Den Blick heben und über die Grenzen sehen.. 127
  Praxis: 13 Regeln für mehr Teamspirit 130

HALTUNG
Zeigen Sie nicht alles, zeigen Sie das Richtige

Stabilität erhöht Ihre Wirkung. 135
   Praxis: Destabilisierende Gedanken ausatmen 138
   Praxis: Die Stabilität erhöhen mit Ma Bu. 139
Spannung erzeugt Widerstand. 142
   Praxis: Haltungsanalyse. 143
   Praxis: Haltungstraining 144
Amituofo – die richtige Haltung von Anfang bis Ende . . 146
   Praxis: Amituofo am Arbeitsplatz. 148
   Praxis: Entlastungsfrage 149

LOSLASSEN
Halten Sie nicht alles fest, halten Sie das Richtige fest

Was müssen Sie aufgeben für Ihren Erfolg?. 153
   Praxis: Loslassen in fünf Tagen 156
   Praxis: Inventur machen 159
Die Gefühlsklasse wechseln 161
   Praxis: Kick it – die Loslassübung. 163
Erleben statt bewerten 165
   Praxis: Einfach anfangen. 167
   Praxis: Probleme lösen im Beginners Mind. 168

GELASSENHEIT
Ärgern Sie sich nicht über alles, nicht mal über das Richtige

»Soso« – das Ende der Mühe. 173
   Praxis: Meisterfrage. 175

Über die Kunst, nicht einzugreifen. 176
  Praxis: Sich zurücklehnen 179
Das Prinzip der Nachahmung 181
  Praxis: Vom Meister lernen. 182
Om-Satz bringt Umsatz. 185
Den Pfirsich schmecken. 187

Danksagung 189

Werden Sie der Beste, der Sie sein können

Was hat Shaolin mit Business und Führungskompetenz zu tun? Ein Unternehmen ist ja schließlich kein Kloster, und Mitarbeiter sind keine Mönche. Die Antwort ist ganz einfach: Die Shaolin verfügen über eine jahrtausendealte Weisheit, die Führungskräfte dabei unterstützen kann, in Zeiten der Orientierungslosigkeit reif, weise und dauerhaft erfolgreich zu agieren.

Shaolin-Mönche gelten als unbesiegbare Meister des waffenlosen Nahkampfes. In über 1500 Jahren haben sie die Kunst des Shaolin-Kung-Fu perfektioniert. Ihr wahres Geheimnis liegt jedoch nicht im spektakulären Kampf, sondern darin, mit der richtigen Einstellung gelassen zum Sieg zu gelangen.

Bei den Kampfmönchen im Shaolin-Kloster stehen die Bewegungsabläufe im Vordergrund, nicht die Selbstverteidigung. Sie nutzen das Training und die darin enthaltenen fingierten Kampfsituationen, um den eigenen inneren Dämonen und Fixierungen zu begegnen und das, was sie als Ursprung aller Unwissenheit sehen, abzustellen: Angst, Unentschlossenheit, Gier, Nervosität, Frustration und Zorn. Daher sind die Übungen nicht nur auf Kampfsituationen anwendbar, sondern sie sind auch eine Art Bewegungsmeditation, die das Qi stärkt, wie die Chinesen die Lebenskraft oder Lebensenergie bezeichnen. Wer positiv auf sein Qi einwirkt, schafft ein Gleichgewicht von Körper, Geist und Spirit. **Unter Spirit ist dabei eine positive seelisch-emotionale, energetische Grundstimmung zu verstehen** und nicht eine religiöse Gesinnung.

Viele Menschen erleben jeden Tag als Kampf. Sie sind getrieben von aggressiven Kollegen oder Mitarbeitern. In einer angespannten Umgebung rennen sie den ganzen Tag der Einführung neuer Produkte, dem besten Standing am Markt, dem richtigen Umgang mit Kollegen etc. voran oder hinterher. Und am Abend wird meist weitergerannt, um auch noch den Marathon zu schaffen. Der Druck in der modernen Businesswelt ist in den letzten Jahren extrem gewachsen. Die Folge: Dauerkampf oder Dauerselbstverteidigung.

Das Leitbild der Shaolin ist der »geistige« Krieger, der erkannt hat, dass der wahre Kampf des Menschen im Inneren stattfindet und es daher unsinnig ist, äußere »Kriege« zu führen. Hat ein Shaolin beispielsweise einen Kampf verloren, zählt für ihn einzig die Frage »Was muss ich besser machen, um zu siegen?«. Aufs moderne Management übertragen heißt das: **Nicht nach Fehlern suchen und damit unnötige Energie (Qi) verschwenden, sondern das eigene Potenzial und das der Mitarbeiter heben.** Es geht darum, sich im eigenen Tun konsequent und kontinuierlich zu üben, um sich zu verbessern. Die verbesserte Beherrschung von Körper, Geist und Spirit fördert ein neues Selbstvertrauen, das die richtige Richtung für den nächsten Schritt weist. Beweglichkeit bringt die Dinge in Bewegung – auch geistig. Verdrängte Potenziale werden wieder bewusst. Innere Klarheit sorgt dafür, Wesentliches von Unwesentlichem zu unterscheiden, den Alltagsanforderungen mit Gelassenheit zu begegnen – und entschlossen zu handeln, wenn es darauf ankommt. Das entlastet, motiviert und bleibt nicht unbeobachtet.

Die *Shaolin-Strategie* ist ein Denk- und Handlungskonzept, das auf der Kombination aus der jahrtausendealten Weisheit der Shaolin und innovativen Coachingtools basiert. Sie besteht aus sieben Kompetenzen, die wir in unserer Seminararbeit entwickelt haben. Sie sollen Leistungsträgern einen Weg aus der Stressfalle hin zu einem ebenso souveränen wie nachhaltig erfolgreichen Arbeits- und Führungsstil weisen. Sich selbst wieder wahrzunehmen schafft ein ganz neues Möglichkeitsbewusstsein, um längst vergessene Fähigkeiten neu zu entdecken und Chancen zu erkennen. Für die Shaolin-Strategie gibt es kein strategisches Vorgehen. Auch wenn die sieben Kompetenzen aufeinander aufbauen, müssen Sie nicht sofort der Reihe nach vorgehen. Sie können auch erst einmal Ihren Impulsen folgen: Welche Kompetenz spricht Sie am meisten an? Welches Thema ist gerade bei Ihnen dran? Wo sehen Sie den größten Entwicklungsbedarf? Die einzige Empfehlung, die wir Ihnen geben möchten, ist, mit Achtsamkeit zu beginnen, denn ohne Achtsamkeit werden Sie die Veränderungen im Lauf der Arbeit mit den sieben Kompetenzen nicht bemerken.

Die Zahl Sieben ist etwas Besonderes, sie steht für Glück, Wachstum, Zusammengehörigkeit, Vollkommenheit und die Essenz des Lebens. Der Regenbogen besteht aus sieben Farben, es gibt sieben Weltwunder und der Mond tritt alle sieben Tage in eine neue Phase. Treten auch Sie mithilfe der Shaolin-Strategie in eine neue Phase voller Lebensenergie.

Der Erfolg jeder Maßnahme zur persönlichen Entwicklung – für den Einzelnen oder für das Team bzw. das Unternehmen – beginnt mit einem Impuls zur Veränderung der eigenen Sichtweisen. Entscheidend für eine wirksame Veränderung ist der Transfer dieses Impulses in den Arbeitsalltag. Gerade für die Implementierung eines neuen Business-Spirits sind die Weisheiten der Shaolin wichtige Transferwerkzeuge, weil sie für Nachhaltigkeit sorgen. Ein oft beklagter Jo-Jo- oder Verpuffungseffekt von Fortbildungsevents wird dadurch vermieden.

Der Shaolin-Manager hinterfragt regelmäßig, ob er seine Schwerpunkte auch tatsächlich so setzen möchte, wie er sie setzt. Oder ob es die Möglichkeit gäbe, etwas anders zu machen, um seine Ressourcen und die seiner Mitarbeiter effektiver zu nutzen. Er stellt sich jeden Morgen und jeden Abend eine entscheidende Frage: **Fühle ich mich leer oder voll?** Wer sich schon nach dem Aufstehen unerholt, kraftlos, angespannt, aggressionsgeladen oder frustriert fühlt, kann nicht wirksam arbeiten und führen. Wer mit diesen Gefühlen seinen Tag beendet, geht trotz Schufterei mit dem Eindruck zu Bett, nichts bewirkt oder sklavisch seine Pflichten erfüllt zu haben.

Fühlen Sie sich innerlich genauso erfolgreich wie äußerlich? **Haben Sie innerlich das erreicht, was Ihr äußerer Erfolg zeigt?** Fühlen Sie sich ausgeglichen und zufrieden? Nein? Dann gilt es innezuhalten, um das zu sehen, was wirklich wichtig und damit richtig ist.

Was ist die Absicht Ihres Tuns: Wollen Sie einfach nur fertig werden? Viel Geld verdienen? Oder Ihre Arbeit bestmöglich verrichten bei einem Maximum an innerer und äußerer Zufriedenheit?

Amituofo
Claudia Maurer / Shi Xing Mi

Messen Sie Ihren Shaolin-I-Qi

Wie viel Lebenskraft spüren Sie in sich, wie hoch ist Ihr persönlicher Energielevel in den Bereichen Körper, Geist und Spirit? Damit Sie das herausfinden können, haben wir einen Fragebogen entwickelt, mit dem Sie Ihren individuellen Qi-Level, kurz: **I-Qi** (energetische Intelligenz), messen können, also Ihre Fähigkeit, mit den eigenen Energieressourcen optimal umzugehen.

Beantworten Sie dazu die nachfolgenden Fragen, indem Sie jeweils A, B oder C ankreuzen. Die Antworten sind in ihrer energetischen Zuordnung leicht zu durchschauen. Das werden Sie schnell merken. Aber darum geht es auch nicht. Der Schlüssel zu einem aussagekräftigen Ergebnis ist, dass Sie vollkommen ehrlich sind, was Ihr Energielevel anbelangt, selbst wenn Ihnen manche der Fragen simpel oder zu offensichtlich erscheinen. Nur so spiegelt das Resultat wider, was ist, und nicht, was Sie gern hätten. Nur so können Sie eine Veränderung erreichen und einen Energieschub erhalten.

1. **Wie fühlen Sie sich in der Regel morgens unmittelbar nach dem Aufstehen?**

    A   Ausgeruht und voller Enthusiasmus.
    B   Verschlafen und träge.
    C   Müde und schlecht gelaunt.

2. **Wie fühlen Sie sich meistens, wenn Sie an Ihrem Arbeitsplatz ankommen?**

    A   Neugierig und gespannt darauf, was der Tag bringen wird.
    B   Ich verrichte meine Arbeit, wie ich es immer tue.
    C   Oft gestresst und manchmal auch überfordert.

3. **Wie verbringen Sie Ihre Mittagspause?**

    A   Ich nehme mir Zeit, um etwas zu essen, zu entspannen oder um mich ein bisschen zu bewegen.
    B   Ich gehe kurz mit meinen Kollegen essen. Dabei sprechen wir über die Arbeit.
    C   Ich mache selten Mittagspause.

4. **Wie oft beklagen Sie sich im Verlauf des Tages?**

    A   Sehr selten.
    B   Manchmal.
    C   Oft.

5. **Machen Sie über den Tag verteilt kurze Pausen?**

   A   Alle paar Stunden stehe ich vom Schreibtisch auf und entspanne ein paar Minuten.
   B   Gelegentlich, wenn die Arbeit das zulässt.
   C   Fast nie, weil ich viel zu beschäftigt bin. (Raucherpausen zählen auch zu Antwort C.)

6. **Wie fühlen Sie sich am Ende Ihres Arbeitstages?**

   A   Meistens zufrieden und in Vorfreude auf den Feierabend.
   B   Oft erleichtert, dass der Tag endlich vorüber ist.
   C   Erschöpft und unzufrieden, weil die Arbeit nie wirklich erledigt ist.

7. **Was machen Sie nach Feierabend?**

   A   Ich versuche, ein Gleichgewicht zu finden zwischen Familie, Hausarbeit, persönlichen Interessen und Selbstfürsorge.
   B   Meistens bleibe ich zu Hause und erhole mich auf dem Sofa.
   C   Ich arbeite oft auch zu Hause. Und wenn nicht, gelingt es mir schlecht, nicht an die Arbeit zu denken.

8. **Wie entspannen Sie am besten?**

   A   In der Stille und in der Natur.
   B   Beim Sport oder beim Wellness.
   C   Bei einem guten Glas Wein oder einer spannenden Talkshow.

9. **Wie viel Zeit pro Woche verbringen Sie durchschnittlich mit körperlicher Bewegung bzw. sportlichem Ausgleich?**

   A   Mehr als fünf Stunden.
   B   Zwischen zwei und fünf Stunden.
   C   Eine Stunde oder weniger.

10. **Wann essen Sie die letzte Mahlzeit des Tages?**

    A   Vor 20 Uhr.
    B   Nach 20 Uhr.
    C   Nach 22 Uhr.

11. **Wie viel Zeit pro Woche widmen Sie den Menschen, die Ihnen nahestehen?**

    A   Mehr als fünf Stunden.
    B   Zwischen zwei und fünf Stunden.
    C   Eine Stunde oder weniger.

12. **Wie würden Sie Ihre Essgewohnheiten beschreiben?**

    A Sehr gut, weil ich mich gesund und ausgewogen ernähre.
    B In der Regel gut, auch wenn ich manchmal unmäßig oder ungesund esse.
    C Unregelmäßig, zu viel und nicht besonders nährstoffreich.

13. **Wir würden Sie Ihre Denkgewohnheiten beschreiben?**

    A Ich bleibe meist positiv und gelassen, auch in schwierigen Situationen.
    B Meistens konstruktiv, nur manchmal bin ich etwas negativ eingestellt.
    C Oft negativ und regelmäßig gestresst.

14. **Wie oft kritisieren Sie sich selbst oder andere?**

    A Sehr selten, da ich auf das Positive schaue.
    B Manchmal, aber ich vergesse Negatives auch schnell wieder.
    C Oft, weshalb Frust, Ärger und Stress zunehmen.

15. **Wie fühlen Sie sich, wenn Sie abends ins Bett gehen?**

   A   Ich lasse den Tag gern Revue passieren und freue mich auf eine gute Nachtruhe.
   B   Die paar Gedanken und Sorgen des Tages fallen von mir ab, sobald ich einschlafe.
   C   Obwohl ich müde bin, halten mich aufwühlende Gedanken lange Zeit davon ab einzuschlafen.

16. **Fühlen Sie sich überwiegend entspannt?**

   A   Ich bin grundsätzlich in einem entspannten Zustand, sowohl im Beruf als auch privat.
   B   Zeitweise fühle ich mich unbelastet und entspannt; dann wieder holt mich der Druck des Alltags ein und ich muss mich dem Stress ganz bewusst entziehen.
   C   Ich fühle mich selten entspannt und unbelastet – und schon gar nicht über einen längeren Zeitraum. Immer meine ich, das nächste Ziel stehe zur Erledigung an, so bin ich in einem permanenten »Aufgabenrad« gefangen.

17. **Was denken Sie, wie andere Sie wahrnehmen?**

   A   Energiegeladen und begeisterungsfähig.
   B   Voll guter Energie und meistens positiv eingestellt.
   C   Verschlossen und undurchschaubar, mit niedrigem Energielevel und eher pessimistisch.

18. **Worüber denken Sie häufig nach?**

    A   Ich konzentriere mich auf die Themen, die gerade oder als Nächstes anstehen.
    B   Ich versuche, mich auf die wichtigen Dinge zu fokussieren, werde aber oft von Frust oder Stress überwältigt.
    C   Ich grüble oft über die Vergangenheit und sorge mich um die Zukunft.

19. **Wie schätzen Sie an einem normalen Tag Ihre Leistungsfähigkeit ein?**

    A   Hoch.
    B   Mittel.
    C   Niedrig.

20. **Wie geduldig sind Sie?**

    A   Geduld hilft mir dabei, Fortschritte zu machen.
    B   Solange es sich lohnt, kann ich geduldig sein.
    C   Für Geduld habe ich keine Zeit.

21. **Wie schätzen Sie an einem normalen Tag Ihre körperliche Leistungsfähigkeit ein?**

    A   Hoch.
    B   Mittel.
    C   Niedrig.

22. **Wie schätzen Sie an einem normalen Tag Ihre emotionale Belastbarkeit ein?**

    A   Hoch.
    B   Mittel.
    C   Niedrig.

23. **Wie gehen Sie damit um, kritisiert zu werden?**

    A   Ich filtere die positive Absicht aus der Kritik.
    B   Auch wenn ich verletzt oder wütend bin, versuche ich, meine negativen Gefühle im Zaum zu halten.
    C   Ich kontere die Kritik mit Rechtfertigung oder Angriff.

24. **Wie gehen Sie mit Veränderungsprozessen am Arbeitsplatz um?**

    A   Ich akzeptiere die Situation und mache das Beste daraus, ohne viele Erwartungen zu haben.
    B   Ich kann mich darauf einlassen, wenn die Veränderungen etwas Gutes bewirken.
    C   Es ist mir lieber, das Bisherige aufrechtzuerhalten.

25. **Würden Sie Ihren Beruf auch ausüben, wenn Sie weniger verdienten als zurzeit?**

    A   Ja, auf jeden Fall.
    B   Ja, wenn ich einiges zum Besseren verändern könnte.
    C   Nein, ich würde etwas anderes tun.

26. **Was bedeutet es Ihnen, wenn Sie Ihre Mitarbeiter/Kollegen in ihrer Entwicklung unterstützen können?**

   A   Es erfüllt mich mit Stolz und Freude, den Weg anderer Menschen zu begleiten.
   B   Wenn ich Zeit dazu habe, tue ich das gern.
   C   Jeder ist für seine Entwicklung und sein Fortkommen selbst verantwortlich.

27. **Mit wie viel Prozent brennen Sie für Ihre Arbeit?**

   A   Ich erledige jede Aufgabe mit dem Einsatz, den ich für erforderlich halte.
   B   Wenn ich gut drauf bin, kann ich schon so einiges aus mir herausholen.
   C   Ich kann nur 150 Prozent; alles muss perfekt sein.

28. **In Ihrer Abteilung passiert ein schlimmer Fehler. Wie gehen Sie damit um?**

   A   Ich suche nicht nach einem Schuldigen, sondern überlege, was ich dazu beitragen kann, um die Angelegenheit zu retten.
   B   Es ist mir ein wichtiges Anliegen zu belegen, dass ich nicht für diesen Fehler verantwortlich bin.
   C   Ich überprüfe den Sachverhalt, um den Schuldigen auszumachen.

29. *Wie viele Stunden schlafen Sie in der Regel pro Nacht?*

    A   Acht bis neun Stunden.
    B   Sechs bis acht Stunden.
    C   Weniger als sechs Stunden.

30. *Wie gehen Sie mit Umsatz- und Erfolgsdruck um?*

    A   Ich gebe mein Bestes und lasse mich nicht beirren.
    B   Ich schaue, dass ich mich durchlavieren kann.
    C   Ich gerate schnell unter Anspannung und reagiere dann aggressiv.

Testauswertung

Geben Sie nach der unten stehenden Systematik jeder Ihrer Antworten eine Punktzahl. Anschließend zählen Sie alle Punkte zusammen und notieren die Gesamtzahl. Das ist Ihr augenblicklicher I-Qi, zu dem Sie im nachfolgenden Auswertungstext mehr Informationen finden.

Antwort A = 8 Punkte
Antwort B = 4 Punkte
Antwort C = 0 Punkte

Gesamtpunktzahl _____

Über 140 – Sehr hoher I-Qi
Körper, Geist und Spirit sind bei Ihnen in ausgezeichneter Balance. In allen drei Bereichen verfügen Sie über ein extrem hohes Niveau an Lebenskraft, Lebensfreude, positivem Antrieb, Selbstfürsorge und Bewusstsein. Ihre Arbeit sowie die Ergebnisse in Ihrem Unternehmen stellen Sie zufrieden. Sie identifizieren sich mit dem, was Sie tun, ohne davon vereinnahmt zu werden. Selbst wenn es mal nicht so gut läuft, bleiben Sie zuversichtlich und engagieren sich im richtigen Maße. Machen Sie auf diesem Weg weiter und teilen Sie Ihr Wissen und Ihre Weisheit mit anderen, damit sie sich besser fühlen.

140 bis 120 – Hoher I-Qi
Sie haben bereits ein hohes Maß an Lebenskraft und Lebensfreude, positivem Antrieb, Selbstfürsorge und Bewusstsein erreicht. Im Allgemeinen fühlen Sie sich in Hochform, auch wenn Sie einige Aspekte in den Bereichen Body, Mind oder

Spirit verbessern könnten. Vielleicht gelingt es Ihnen noch nicht so gut loszulassen, was Ihnen nicht guttut, oder Ihren Stresslevel zu reduzieren? Mit den Übungen in diesem Buch können Sie Störfaktoren ausmachen und – wo nötig – Optimierungen vornehmen.

120 bis 80 – Durchschnittlicher I-Qi
Sie befinden sich im Mittelfeld, Ihr Shaolin-IQ ist weder besonders hoch noch besonders niedrig. Viele Menschen stehen auf diesem Level. Sie akzeptieren, dass sie sich meistens durchschnittlich fühlen. Manchmal – vor allem im Urlaub oder wenn sie besondere Erfolge verzeichnen – geht es ihnen besser. Die meiste Zeit aber bleiben Lebenskraft, Lebensfreude, positiver Antrieb, Selbstfürsorge und Bewusstsein auf mittlerem Niveau. Es ist wichtig, diesen Zustand nicht als normal anzusehen. Denn wie in jedem Menschen steckt auch in Ihnen weit mehr, als Sie vielleicht annehmen. Wollen Sie das Mittelmaß akzeptieren? Wenn nicht, finden Sie in diesem Buch Strategien, um Ihren Energielevel zu optimieren. Denn Sie haben bereits eine solide Basis, um sich weiterzuentwickeln und viel öfter sehr gut zu fühlen. Unternehmen Sie mithilfe des Buches die notwendigen Schritte dazu – einen nach dem anderen, ruhig und entspannt. Genießen Sie die Veränderungen, die sich einstellen.

80 bis 60 – Niedriger I-Qi
Ihr Energielevel ist niedrig, vermutlich fühlen Sie sich nicht sehr vital, oft unwohl und Sie stehen täglich unter Stress. Dieser Zustand mangelnder Balance von Körper, Geist und Spirit kann auf Dauer Ihre Gesundheit gefährden. Wenn Sie nichts an diesem Zustand verändern, sind Herz-Kreislauf-Erkrankun-

gen, Magenbeschwerden, Verdauungsprobleme, Kopfschmerzen, Angst, Depression oder Burn-out vorprogrammiert. Auch wenn Sie Ihre Energiereserven noch nicht erschöpft haben, sollten Sie sich bewusst machen, dass dieses Ungleichgewicht Sie irgendwann total erschöpfen wird. Unternehmen Sie mithilfe der Übungen in diesem Buch die notwendigen Schritte, um aus diesem erschöpfenden Dauerzustand herauszukommen. Beugen Sie diszipliniert und mit kleinen, aber stetigen Veränderungen vor. Und erfreuen Sie sich an dem Prozess, ohne sich durch zu hoch gesteckte Ziele unter Druck zu setzen.

Unter 60 – Sehr niedriger I-Qi
Sie haben einen extrem niedrigen Level an Lebenskraft, Lebensfreude und positivem Antrieb. Das Testergebnis dient nicht dazu, Sie zu erschrecken oder zu verunsichern, sondern Sie zu einem höheren Maß an Selbstfürsorge und bewusster Lebensführung zu motivieren. Um Ihr Qi-Niveau anzuheben, sollten Sie so schnell wie möglich einige Veränderungsmaßnahmen ergreifen.

Es ist auch für Sie wichtig und gut, sich gesund, energiegeladen und freudvoll zu fühlen. Ergreifen Sie die notwendigen Veränderungen mithilfe der Übungen in diesem Buch, statt Ihr Wohlbefinden noch länger auf die lange Bank zu schieben. Sie haben es in der Hand! Und Sie haben bereits etwas unternommen für eine bessere Zukunft, denn dieser Test ist der erste Schritt in die richtige Richtung. Lassen Sie sich nicht entmutigen. Sie wissen tief in Ihrem Inneren, dass es Zeit ist, etwas gegen den Energiemangel zu unternehmen, und dass Sie es schaffen werden. Ihre Reise in Richtung Lebenskraft und Gelassenheit beginnt jetzt!

Die Kraft ist da, wo Ihre Aufmerksamkeit ist. Wenn Ihre Gedanken im Positiven sind, ist auch Ihre Kraft im Positiven. Und umgekehrt. Die großen Krisen entstehen immer aus einem Mangel an Achtsamkeit – sowohl beruflich als auch privat. Prüfen Sie deshalb immer achtsam, worauf Sie Ihre Konzentration richten und worauf nicht.

ACHTSAMKEIT

Achten Sie nicht auf alles,
achten Sie auf das Richtige

Der Unterschied macht den Unterschied

Ein Mönch trifft auf einen Wanderer und sie unterhalten sich eine Weile miteinander.

»Ich habe gehört«, sagte der Wanderer, »Achtsamkeit sei eine Erleuchtungslehre. Worin besteht denn diese Methode? Was ist das Besondere daran, und wie sieht die tägliche Praxis aus?«

Der Mönch antwortet: »Wir sehen, wir hören, wir riechen, wir schmecken, wir fühlen. Wir gehen, wir waschen uns, wir setzen uns zur Meditation nieder.«

»Was soll denn daran Besonderes sein?«, entgegnet der Wanderer, »jeder, den ich kenne, hört, riecht, schmeckt, sieht und fühlt. Ein jeder geht, ein jeder wäscht sich und, nun gut, nicht jeder setzt sich zur Meditation nieder.«

Der Mönch erwidert daraufhin: »Mein Herr, wenn wir sehen, dann achten wir auf das Sehen, wenn wir hören, achten wir auf das Hören, wenn wir riechen, dann achten wir auf den Geruch. Wenn wir schmecken, dann achten wir auf den Geschmack, wenn wir fühlen, achten wir auf das Gefühl, wenn wir uns waschen, dann sind wir mit dem Waschen beschäftigt, wenn wir uns zur Meditation hinsetzen, dann bleiben wir bei der Meditation.«

»Das machen wir doch alles auch.«

»Nein«, sagt da der Mönch, »wenn ihr seht, dann hört ihr schon, wenn ihr riecht, dann schmeckt ihr schon, wenn ihr fühlt, dann wascht ihr schon, wenn ihr euch zum Meditieren hinsetzt, dann seid ihr in Gedanken schon wieder aufgestanden.

Ein erfolgreicher Mensch weiß, dass Unachtsamkeit dazu führt, Wichtiges zu verpassen oder Fehler zu machen. Und das wiederum kostet Geld. Achtsamkeit ist also ein wesentliches Tool für Erfolg.

Die Shaolin kennen für den Begriff »Achtsamkeit« das chinesische Wort *Nian*, das sich mit »studieren« und »denken« übersetzen lässt. Das Schriftzeichen *Nian* besteht aus zwei Zeichen: *Jin*, das »jetzt« heißt, und *Xin*, was »Herz und Verstand« bedeutet. **Mit Herz und Verstand in der Gegenwart sein ist also die grundlegende Bedeutung von Achtsamkeit.**

Wer nicht alles, sondern das Richtige geben will, muss zuerst einmal zwischen beidem unterscheiden können. Achtsamkeit ist der Schlüssel dafür, weil Sie gewahr werden, was Sie voranbringt oder was Sie behindert; was nützlich für Sie ist oder sinnlos; was Ihnen guttut und was nicht, und was Sie schwächt und was Sie stärkt in dem System, in dem Sie arbeiten oder leben.

Sie können weder in der Vergangenheit noch in der Zukunft produktiv sein. Das geht nur in dem Moment, in dem Sie das tun, was Sie gerade tun. Auch Sorgen und Ängste haben Ihren Ursprung meist in der Vergangenheit oder beziehen sich auf die Zukunft. Nur Ihre Gedanken bestimmen, ob Sie den jetzigen Moment stressbeladen oder genussvoll und entspannt gestalten. Die Shaolin sagen: Das Hier und Jetzt ist friedlich.

Natürlich ist es wichtig, aus der Vergangenheit zu lernen und Pläne für die Zukunft zu machen. Aber: Wir können unser Leben nicht in der Vergangenheit und auch nicht in der Zukunft leben. Es raubt uns die Energie, über Vorgesetzte nachzudenken, die wir nicht leiden können, oder über Kollegen, die unserer Meinung nach einen Fehler nach dem anderen machen. Die Unternehmensziele als permanente Belastung vor Augen zu haben erzeugt ebenso nur Druck wie die Sorge, einer Aufgabe nicht gewachsen zu sein, oder die Verärgerung über jemanden, der ein zu hohes Ziel formuliert hat.

Wer nicht achtsam ist,

- verschwendet Zeit, weil er alles x-mal anfassen muss;
- ist unproduktiv, weil er nicht effektiv arbeitet;
- verpasst Chancen und Gelegenheiten, weil er nicht genau hinschaut;
- verhindert Nähe zu anderen, weil er sich nicht richtig einlässt;
- sendet Desinteresse aus und sorgt für schlechte Stimmung;
- ist unzufrieden, weil er die eigene Halbherzigkeit spürt;
- ärgert sich über Fehler, die entstehen, weil er unkonzentriert arbeitet;
- trifft falsche Entscheidungen, weil er wichtige Hinweise übersieht;
- lässt sich antreiben, weil er nicht bei sich ist;
- betreibt Raubbau an sich selbst, weil er wertvolle Energie verschwendet;
- verkrampft und hindert sich selbst daran, seine Arbeit mit Elan anzugehen;

- muss durchhalten, wo er eigentlich mit dem Herzen bei der Sache sein sollte;
- erntet wenig Wohlwollen oder positives Feedback von anderen;
- fühlt sich oft unfrei, weil er sich im Autopilotmodus durchs Leben bewegt.

Praxis: Achtsamkeitscheck

Wie oft am Tag sind Sie achtsam, also mit dem Verstand und mit dem Herzen voll bei der Sache, die Sie gerade tun? Oder anders herum gefragt: Wie oft sind Sie mit Ihren Gedanken oder Gefühlen ganz woanders als da, wo Sie sich gerade befinden? Welche der folgenden Aussagen trifft auf Sie zu?

( ) Ich checke meinen Blackberry vor dem Frühstück.
( ) Beim Telefonieren checke ich nebenbei oft E-Mails.
( ) Ich neige dazu, meine Kollegen und Kolleginnen zu bewerten.
( ) Ich bin bei Routineaufgaben in Gedanken oft ganz woanders.
( ) In Gesprächen mit Mitarbeitern oder Kollegen bin ich gedanklich gern schon im nächsten Meeting.
( ) Ich habe das Gefühl, dass andere mir sehr skeptisch gegenüberstehen.
( ) In Konflikten bin ich schnell angespannt.
( ) Ich will in Diskussionen meinen Willen durchsetzen.
( ) Ich mache ständig Pläne.
( ) Das Mittagessen nehme ich meistens am Schreibtisch oder im Gehen ein.

( ) Wenn Probleme auftauchen, gehe ich schnell in ein Worst-Case-Szenario.
( ) Ich vergleiche mich häufig mit anderen und deren Leistungen.
( ) Ich vertröste meine Kinder oft auf später.
( ) Ich fühle mich oft geladen oder gelangweilt.
( ) Ich bin manchmal ganz gern im Büro, um mich den Erwartungen meiner Familie zu entziehen.
( ) Ich sehe bei anderen oft zuerst die schlechten Seiten.
( ) Small Talk im Büro empfinde ich als Zeitverschwendung.
( ) Ich führe Kundentelefonate beim Autofahren ins Büro oder nach Hause.

Haben Sie mehr als drei Punkte angekreuzt? Dann ist Achtsamkeit ein Thema, das Sie optimieren können. Erhöhen Sie den Grad Ihrer Achtsamkeit ab jetzt mit der Zehn-Steine-Übung (siehe Seite 35 f.).

Das Hier und Jetzt ist, wie es ist. Wer das akzeptiert, braucht viel weniger Stimulation und Energie, um zufrieden zu sein. Mittlerweile ist wissenschaftlich erwiesen: Achtsamkeitstraining führt vom bloßen Funktionieren hin zu einem qualitativ hochwertigen Zustand des Erlebens, weil wir uns nicht mehr nur vom Verstand leiten lassen, sondern auch für die eigenen Bedürfnisse und Gefühle empfindsam werden. Diese Offenheit schafft neue Möglichkeiten und vergrößert automatisch die Erfolge, weil sich die Art und Weise verbessert, wie wir etwas tun.

Ein achtsamer Mensch lässt sich nicht von Störfaktoren wie Unwesentlichem, Unangenehmem, Flurfunk, Gerüchten,

Stress, Vorurteilen, Ärger oder Angst ablenken oder gar einschränken. Er widmet seine volle Aufmerksamkeit dem, was er gerade erlebt, und kann dadurch neue Dinge sehen und zu 100 Prozent entscheiden, was jetzt (*nian*) das Richtige ist.

Das vollständige Bewusstsein im Alltag erhöht zudem Ihre Fähigkeit, sich selbst und Ihre Umwelt wirklich zu verstehen. Daher empfiehlt sich Achtsamkeit gerade in schwierigen oder konfliktreichen Situationen, um Klarheit zu schaffen. Warum? Weil Sie von außen nach innen gehen und näher zu sich und Ihren wahren Bedürfnissen bzw. Motivationen finden. Sie hören genauer hin, welche Beweggründe andere Menschen veranlasst haben, etwas zu tun oder zu lassen. Anders ausgedrückt: Statt unreflektiert zu reagieren, wägen Sie je nach Situation ab, was in dem Moment richtig oder falsch ist.

Wer im Hier und Jetzt ist, zu dem ist das Leben gut und freundlich. **Ein achtsamer Mensch hat nie das Gefühl, etwas zu verpassen. Er macht das Beste aus dem, was ist, und nimmt alle Chancen, die sich bieten, wahr.** Mit Achtsamkeit verschaffen wir uns einen Überblick. Das bewusste Handeln gibt uns Zeit, auf Situationen richtig zu reagieren, die wir sonst vielleicht nur be- bzw. abwerten. So ist, was wir wahrnehmen, nur eine Aneinanderreihung von sich ständig verändernden Eindrücken und Empfindungen, die mal angenehm und mal unangenehm für uns sind. Wir lieben die angenehmen und scheuen die unangenehmen. Mit Achtsamkeit machen Sie sich das bewusst: Und statt sich zu quälen oder auf das Falsche zu konzentrieren, tun Sie das Richtige.

Praxis: Die Zehn-Steine-Übung

Sammeln Sie bei einem Spaziergang zehn Kieselsteine und füllen Sie diese in ein kleines Glas. Sie können auch andere Gegenstände verwenden, wie zum Beispiel Büroklammern oder Textmarker. Wir sprechen im Folgenden aber von Steinen.

Wann immer Sie das Gefühl haben, nicht ganz bei sich zu sein, nehmen Sie die zehn Steine in Ihre rechte Hand. Sie repräsentieren 100 Prozent Ihrer Aufmerksamkeit in diesem Augenblick. Fragen Sie sich: Mit wie vielen Steinen sind Sie jetzt ganz – also mit Verstand und Herz – bei der Sache, in unserem Fall also bei diesem Buch? Möglicherweise denken Sie gerade daran, es wieder aus den Händen zu legen. Oder Sie gehen im Geiste Ihre To-do-Liste durch. Vielleicht denken Sie an ein Problem, das Sie seit Tagen beschäftigt. Oder Sie bereiten sich gedanklich auf ein Mitarbeitergespräch vor, das am nächsten Tag stattfinden soll ... Für jeden fremden Gedanken, der Ihnen in den Sinn kommt, legen Sie einen Stein in Ihre linke Hand.

Egal, was Sie denken, je weniger Steine sich in der rechten Hand befinden, desto mehr halten Sie sich entweder in der Vergangenheit oder in der Zukunft auf. Und desto weniger Aufmerksamkeit und damit verbunden Qualität können Sie Ihrem gegenwärtigen Tun widmen.

Wie viele Steine haben Sie aus der rechten Hand entnommen? Ganz ehrlich? **Wer frische Ergebnisse erzielen will, muss mit zehn Steinen bei der Sache sein!** Testen Sie aus, wie gut es sich anfühlt, mit zehn Steinen im Meeting, beim Mitarbeitergespräch, bei Routinearbeiten, bei Ihrer Familie oder ganz bei sich selbst zu sein.

Legen Sie die zehn Steine an einen gut sichtbaren Platz oder richten Sie sich eine Erinnerungsfunktion auf Ihrem Smartphone ein, um einen Anker zu haben, der Sie daran erinnert, achtsam zu sein.

---

100 Prozent Aufmerksamkeit machen einen Unterschied und erhöhen die Qualität Ihrer Arbeit. Sie wissen, was Sie tun, und Sie entdecken hilfreiche Dinge, die Sie sonst übersehen würden. Aber: So wie Sie nicht von heute auf morgen ein Meister der Achtsamkcit sein können, so können Sie und müssen Sie auch nicht 24 Stunden am Tag achtsam sein. Nicht betrunken werden von der eigenen Regel, sagen die Shaolin. Und das bedeutet, bewusst zu entscheiden, was Ihre Achtsamkeit verdient. Denn wenn Sie auf alles achten, werden Sie verrückt. Deswegen geht es darum, auf das Richtige zu achten.

Die richtige Geschwindigkeit erhöht die Beobachtungsgabe

Im Kung-Fu werden uralte Formen trainiert, die vorgegebenen Bewegungsmustern folgen und einen Kampf gegen einen fiktiven Gegner simulieren. Dabei geht es den Shaolin aber nicht darum, langsam oder schnell zu sein, sondern im richtigen Moment das richtige Tempo zu finden. Manche Bewegungen sind schnell, andere langsam, manche sind weich, andere voller Spannung.

Das langsame Üben bildet die Grundlage für eine schnelle und präzise Ausführung der Formen. Nur so lassen sich alle Details einer Form verinnerlichen, um den vollen Nutzen aus der Ausführung zu ziehen. Jeder Bewegungskomplex muss mit höchster technischer Sorgfalt und Achtsamkeit ausgeführt werden.

Selbst wenn ein Kampfmönch eine Form beherrscht, kehrt er immer wieder zu einem langsamen Training zurück, um zu einer höheren Qualität in der Ausführung der Form zu finden. Kurz: Er arbeitet daran, sich stetig zu verbessern. Das Ziel ist, die Bewegung, die Geschwindigkeit, die Technik und die Kraft als eine Einheit zu begreifen. In dem Moment sind Gedanken, Körper, Atmung und Gefühle in einem energetischen Fluss. Dann ist alles richtig. Das nennen die Shaolin *to get the spirit*.

Was heißt das aufs Business übertragen? Wenn Sie die Qualität Ihrer Arbeit und die Präzision Ihres Handelns verbessern wollen, können Sie das am besten mit Langsamkeit erreichen. Eine reduzierte Geschwindigkeit erhöht Ihre Aufmerksamkeit und damit Ihre Beobachtungsgabe.

Testen Sie das einmal aus, indem Sie Ihre Aufmerksamkeit mit den folgenden Fragen auf Ihr übliches Lebenstempo richten:

- Wie schnell bewegen Sie sich in der Regel durchs Leben?
- Wie schnell atmen Sie?
- Was halten Sie von langsamen bzw. schnellen Menschen?
- Wie schnell denken und sprechen Sie?
- Langsam oder schnell: Mit welchem Tempo fühlen Sie sich besser?
- Wie wirkt sich Ihr Tempo auf Ihre Ergebnisse aus?
- Warum werden Sie ungeduldig oder nervös, wenn andere langsamer oder schneller sind als Sie?
- Was würde passieren, wenn Sie Ihr Tempo verlangsamen?
- Inwiefern könnte eine Reduzierung der Geschwindigkeit Positives bzw. mehr Erfolg oder höheren Output bewirken?

Auch wenn jede Ihrer Handlungen eine individuelle Geschwindigkeit erfordert, ist Langsamkeit der erste Schritt zu einem achtsamen – und damit gesünderen – Arbeits- und Lebensstil. Um beispielsweise alle Aspekte eines Arbeitsprozesses zu optimieren und zu einem tiefen Verständnis der Aufgabenstellung zu finden, lohnt es sich, das Tempo auch einmal ganz bewusst zu reduzieren. Wer glaubt, etwas zu können und nicht mehr schleifen zu müssen, neigt zu Unachtsamkeit – und das führt früher oder später zu Fehlern. Gelangweilt vom eigenen Tun, schweifen die Gedanken ab zu interessanteren Dingen. Wenn Sie hingegen Freude und Sinn in der bedachten Feinjustierung finden, bleiben selbst Routineaufgaben lange Zeit spannend und herausfordernd.

Auch in Meetings ist es gut, das Tempo zu verlangsamen. Wer immer auf die Uhr sieht oder nach einem halben Satz bereits weiß, was ein anderer sagen will, verschließt sich neuen Aspekten zu einem Thema, die oft erst nach einer Weile auftauchen. Wie oft treffen Sie Entscheidungen unter Zeitnot und bereuen sie hinterher? Wie oft hören Sie gar nicht hin, was andere sagen, weil Sie gedanklich mit etwas anderem beschäftigt sind? Wie oft sind Sie genervt, weil etwas Wichtiges auf dem Schreibtisch wartet? Wie oft denken Sie vor dem Meeting »Warum ist es nicht schon nach dem Meeting?«? Wie oft fühlen Sie sich nicht gehört oder verstanden?

Um zu entschleunigen, können Sie ab jetzt achtsam und bewusst in einen »**Offline-Modus**« gehen, indem Sie alle Störfaktoren ausblenden. Damit schenken Sie Ihren eigenen Potenzialen und denen Ihrer Kollegen und Mitarbeiter Ihre volle Aufmerksamkeit – ohne zu drängeln oder zu bewerten.

Praxis: Offline statt online

Mit den folgenden Übungen gelangen Sie durch Beobachtung Ihrer eigenen Handlungen aus einem angespannten in einen entspannten Zustand:

1. **Möglichkeit:**
Nehmen Sie sich eine Minute Zeit und schließen und öffnen Sie ein paarmal ganz langsam und bewusst die Augen. Vielen Menschen fällt das sehr schwer, weil es Konzentration braucht, um den Lidschlussreflex zu unterbrechen. Diese Übung ist so simpel wie effektvoll: Weil Sie alle Ablenkungen langsam ausblenden und den Fokus nach innen richten, gelangen Sie nach und nach in den Ruhemodus. Die richtige Atmung verstärkt die Wirkung: Atmen Sie beim Schließen der Augen langsam aus und beim Öffnen wieder ein.

2. **Möglichkeit:**
Verlangsamen Sie einmal täglich 15 Minuten lang jegliches Tun, beispielsweise von 10 Uhr bis 10.15 Uhr oder von 20.15 Uhr bis 20.30 Uhr. Üben Sie sich während dieser Zeit darin, mit allen zehn Steinen im Augenblick zu bleiben (siehe Seite 35 f.). Beobachten Sie sich aufmerksam bei allem, was Sie tun. Und tun Sie immer nur eine Sache zu einer Zeit. Um ungestört zu bleiben, schalten Sie während dieser Zeit Ihr Handy ab und fahren Sie Ihren Computer in den Ruhezustand. Es ist egal, was Sie in den 15 Minuten tun, Hauptsache, Sie tun es langsam, bedacht und genussvoll.
Halten Sie unmittelbar danach schriftlich fest, was Ihnen an positiven Effekten aufgefallen ist. Warum war es Ihnen beispielsweise peinlich, so langsam zu machen? Was hat Sie irritiert? Und was müsste geschehen, damit Sie ein gedrosseltes Tempo nicht als negativ oder statussenkend empfinden?

3. **Möglichkeit:**
   In einem konfliktreichen Meeting reduzieren Sie den Stress und entspannen die Situation, indem Sie Ihre Aufmerksamkeit auf Ihre Atmung richten und sie verlangsamen. Die meisten Menschen werden in solchen Situationen kurzatmig, weil sie aufgeregt sind. Sie aber schalten offline, indem Sie ganz bewusst erst einatmen und dabei bis vier zählen und dann wieder ausatmen und dabei ebenfalls bis vier zählen.

Ein Shaolin gibt sein Wissen weiter: Teilen Sie Ihre Offline-Erkenntnisse mit anderen, die davon ebenfalls profitieren könnten. Damit machen Sie das Thema Aufmerksamkeit und Langsamkeit en vogue. Das wird sich positiv auf Ihren beruflichen Alltag wie auch auf Ihre private Umgebung auswirken.

Trinken Sie Tee und nicht Ihre Gedanken

Im Alltag haben wir oft keine Möglichkeit, uns darauf zu konzentrieren, was wichtig und richtig ist, weil unsere Aufmerksamkeit von der Vielfalt an Pflichten, Tätigkeiten und Anforderungen, die auf uns einströmen, absorbiert wird.

Stellen Sie sich vor, Sie schöpfen mit einem Glas Wasser aus einem Teich. Erst einmal schwimmen viele Schmutzpartikel im Wasser und machen es trüb. Sie können nicht bis auf den Grund des Gefäßes schauen. Genauso verhält es sich mit unseren Gedanken. Unser Gehirn ist voll von »Müll«, der uns daran hindert, klar zu sehen und tiefere Zusammenhänge zu verstehen. Wenn Sie das Glas eine Weile unberührt stehen lassen, senken sich die Sedimente ab und das Wasser klärt sich. Ruhe ist das Gebot des Moments – denn sie schafft Fokussierung und Klarheit.

Sie können Ihre Gedanken ganz bewusst klären, indem Sie Ihre Konzentration von der Ablenkung abziehen und auf eine einzige Sache richten. Eine gängige Praxis, um das zu üben, ist die Meditation. Sie bringt Ihren »verschmutzten« Geist zur Ruhe, öffnet Sie für die Möglichkeiten, die gerade vor Ihnen liegen, und verbessert die Qualität Ihres Erlebens. Meditieren heißt nichts anderes, als ganz bei sich zu sein, sich zu öffnen und die eigenen Gedanken sorgsam zu führen bzw. das Gedankenkarussell zu stoppen. Erinnern Sie sich an Kung-Fu, die Bewegungsmeditation der Kampfmönche, mit der sie sich voll und ganz auf die Ausführung einer komplexen Bewegungsform konzentrieren. Nichts anderes zählt in dem Moment, in dem der Shaolin zu der Bewegung wird, die er ausführt.

Warum ist das so wichtig? Unser Verstand wünscht viele Dinge, die nicht alle gut für unser Wohlbefinden sind. Und weil er immer der Chef sein will, belästigt er uns unaufhörlich damit. Mit der Meditation lernen wir, den Verführungen unserer eingeschliffenen Denkmuster nicht ständig nachzugeben. Sie hilft uns dabei, Überflüssiges auszusortieren, den Geist leer zu machen und zu entspannen. Das ist der Nährboden für Achtsamkeit – und damit für richtiges und zielgerichtetes Denken und Handeln.

Nicht denken. Beginnen.

Viele Menschen haben wenig bzw. keine Erfahrung mit Meditation oder stehen dem Begriff eher skeptisch gegenüber, weil sie ihn in die Schublade »Esoterik« packen. Damit bringen sie sich um den Nutzen, wie es oftmals passiert, wenn man etwas mit einem negativen Etikett versieht, ohne es selbst ausprobiert zu haben.

Meditation ist nichts anderes, als sich zu sammeln. Sie richten Ihren Blick nicht mehr nach außen, wo Sie im Moment vielleicht nur Chaos sehen oder Stress und Druck spüren, sondern nach innen. Dort finden Sie sich selbst – und das, was Sie gerade wirklich brauchen. Meditation ist also nichts anderes als eine fokussierte Ruhephase, mit dem Ziel, dass Sie sich erst sammeln und anschließend mit erfrischtem Geist das Wesentliche vom Unwesentlichen unterscheiden.

Sollten Sie Vorbehalte haben, nehmen Sie ein paar Minuten von diesem Gedanken Abstand. Wir schlagen Ihnen nicht vor, dass Sie ab heute täglich eine Stunde auf einem Meditationskissen sitzen, sondern möchten Ihnen lediglich ein nebenwirkungsfreies Mittel anbieten, um Situationen, in denen Sie sich überfordert oder gejagt fühlen, anzunehmen und sich zu entlasten. Man könnte auch sagen: **Meditation statt Betablocker!**

Warum funktioniert Meditation? In unserem Gehirn läuft der sogenannte Vagusnerv vom Hirnstamm den Hals entlang durch die Brusthöhle bis zum Darm, wo er in vielen Verästelungen endet. Er vagabundiert gewissermaßen, was ihm seinen Namen eingebracht hat. Der Vagusnerv ist neben dem Parasympathikus der größte Nerv in unserem System. Er reguliert unter anderem die Herztätigkeit und die Atmung – und ist damit für die Entspannung zuständig. Der Vagusnerv heißt auch Ruhe- bzw. Meditationsnerv, weil sich sein Tonus nachweislich durch Meditation erhöhen lässt. Und das hat eine ausgleichende und heilende Wirkung auf Körper und Geist.

Sie können jede Tätigkeit in eine Meditation verwandeln, denn im Grunde genommen geht es ja nur darum, sich mit vollem Bewusstsein darauf zu konzentrieren, was man gerade tut. Und zwar nur auf das!

Die Vorteile von Meditation:

- Sie richten Ihre Aufmerksamkeit auf den gegenwärtigen Moment.
- Sie lernen, Ihre Gedanken mit Ihrer Aufmerksamkeit zu beobachten.

- Sie verlangsamen Ihre Herzfrequenz und senken damit auf Dauer das Risiko einer Herz-Kreislauf-Erkrankung.
- Sie senken Ihren Blutdruck und Ihre Cholesterinwerte.
- Sie erhöhen den Serotoninspiegel, was wiederum Wohlbefinden und Glücksgefühle nach sich zieht.
- Sie verbessern Ihre Konzentrationsfähigkeit und Ihre Gedächtnisleistung.
- Sie entspannen und werden ruhig.
- Sie können falsche Erwartungen identifizieren.
- Sie schaffen Raum, um Ihren inneren Reichtum zu erkennen.
- Sie erkennen nach und nach, was Sie wirklich brauchen.
- Sie sortieren Unnützes und Negatives aus.
- Sie verändern Ihre Einstellung und gewinnen Klarheit.

Nicht denken. Zählen.

Praxis: Counting-Meditation

Probieren Sie das Meditieren aus, indem Sie einmal bis zehn zählen, dabei ruhig ein- und ausatmen und an nichts anders denken als an die Zahlen:
1   2   3   4   5   6   7   8   9   10

Das ist doch leicht!, sagt Ihnen Ihr Verstand jetzt vielleicht. Probieren Sie es aus.

Überprüfen Sie sich selbst: Haben Sie wirklich an nichts anderes gedacht als an die Zahlen? Oder hat Ihr Mund nur eine Zahl nach der anderen ausgesprochen, während Sie mit Ihren Gedanken bei einer ganz anderen Sache waren?

Wohin wanderte Ihr Geist? Haben Sie an die Arbeit gedacht und beispielsweise ein Projekt geplant? Haben Sie sich über etwas oder jemanden geärgert? Waren Sie mit Ihrer To-do-Liste beschäftigt?

Noch ein Versuch: Diesmal sprechen Sie jede Zahl ganz bewusst, langsam und laut aus, so als würden Sie das gerade zum ersten Mal in Ihrem Leben tun. Zwischen den Zahlen atmen Sie jeweils einmal tief ein und aus. Zählen. Atmen. Zählen. Atmen. Das ist Fokus. Das ist Konzentration. Wenn ein fremder Gedanken aufkommt, nehmen Sie ihn wahr, akzeptieren ihn und lassen ihn ziehen. Das ist Achtsamkeit.

Wie fühlt sich dieser Zustand an?

Vor zwei Jahren waren wir mit einigen Führungskräften zu einem Seminar im Shaolin-Kloster und wohnten einer Teezeremonie des Großmeisters Shi De Yang bei. Nachdem der Großmeister uns begrüßt hatte, fragte er, ob er uns einen Tee anbieten dürfe. Kaum hatten wir das nickend bejaht, wurden es ganz still im Raum, weil alle Anwesenden wie gebannt den anmutigen Bewegungen des Großmeisters folgten: Langsam und bedacht füllte er Wasser in einen Topf, stellte ihn auf die Kochstelle und wartete so lange davor, bis es kochte. Dann nahm er ein großes, seltsam geformtes Tablett mit zwei Etagen, auf dem eine Teekanne sowie neun winzige zarte Schälchen standen, und stellte alles in die Mitte des Tisches, um den unsere Gruppe saß. Anschließend übergoss er den Tee in der Kanne in Zeitlupentempo mit heißem Wasser. Etwa zwei Minuten wartete er geduldig darauf, dass der Tee zog. Keiner von uns sprach ein Wort, alle schauten nur auf den Tee. Der Meister verteilte währenddessen die Schälchen. Das tat er ganz langsam und bedacht, so als würde er eine ganz besondere Beziehung zu jedem von uns aufbauen wollen. Andächtig hielten wir das zarte Gefäß, das einen Durchmesser von kaum zweieinhalb Zentimetern hatte, in den Händen.

Als der Tee fertig gezogen hatte, geschah etwas, was keiner von uns erwartet hatte: Großmeister Shi De Yang schüttete den Tee nicht in die Schälchen, sondern auf das Tablett, wo er auf wundersame Weise auf die untere Etage ablief. Als Nächstes goss er erneut Wasser aus dem Kessel über die bereits aufgebrühten grünen Teeblätter in der Teekanne. Wieder warteten alle geduldig, diesmal aber etwas weniger lang.

Als der Tee fertig war, schenkte der Meister uns nacheinander ein. Auch das passierte wieder in einer ganz besonderen Weise. Der Großmeister zog die Kanne beim Eingießen ganz weit nach oben zog, sodass sich der Tee in einem langen Strahl in die winzigen Tässchen ergoss. Bei diesem Vorgang entfaltete der Tee sein volles Aroma. Kein Tropfen ging daneben. Denn Shi De Yang agierte mit solch einer Hingabe und Anmut, dass man hätte meinen können, er täte das alles zum ersten Mal in seinem Leben. Seine Präsenz und meditative Achtsamkeit erfüllte alle Teilnehmer, wie sie hinterher berichteten, nicht mit Ungeduld oder Langeweile, sondern mit Ruhe und einer gewissen heiligen Stimmung.

Auch wenn in jede Tasse nicht mehr als ein Schluck passte, trank keiner von uns den Tee schnell und auf einmal aus. Behutsam und genussvoll nippten und schmeckten wir das intensive Aroma, das eine Vielfalt von Genussstoffen – von rauchig über herb bis blumig – im Mund auslöste. Kein Schluck schmeckte wie der andere und keiner schmeckte bitter, denn mit jedem Aufguss hatte Shi De Yang geduldig die Bitterstoffe im Tee aufgelöst, sodass sich der wahre geschmackliche Reichtum entfalten konnte.

Wir alle waren tief ergriffen davon, wie der Großmeister das Teezeremoniell zelebrierte. Wie man aus einer so einfachen Tätigkeit etwas so Besonders machen und eine solch meditative Wirkung erzeugen konnte. Sein Tun brachte uns alle zum Nachdenken darüber, was wahrer Genuss bedeutet. Viel später erzählte man uns, dass man nur seinen Feinden den ersten Aufguss anbietet, der schnell und hektisch zubereitet wird. Nehmen Sie sich Zeit für die Menschen, mit denen Sie zu tun haben? Oder reichen Sie den ersten Aufguss?

Sie erzielen in komplexen Momenten, beispielsweise in einem Meeting, den gleichen Achtsamkeitseffekt wie der Meister, wenn Sie verbale Stopper setzen, die allen Beteiligten gedanklich Luft verschaffen. Zum Beispiel: »Das ist ein wichtiger Gedanke, den ich gern noch einmal wiederholen möchte.« »Könnten Sie das bitte noch einmal erklären?« Oder: »Ich habe das noch nicht ganz verstanden.«

Nicht denken. Genießen.

Praxis: Zelebrieren ist Meditation

Sie müssen kein Teezeremoniell veranstalten, um genussvolle meditative Ruhe und Konzentration zu erreichen. Sie können das zum Beispiel in Ihrer Mittagspause beim Lunch machen. Essen ist ein zentrales Lebensthema: Wir führen uns neue Energie zu und schöpfen Kraft in der sinnlichen Erfahrung. Und wir verbringen eine Menge Zeit mit der Nahrungsaufnahme. Die meisten Menschen jedoch nehmen mehrmals am Tag eine Mahlzeit ein, ohne diesem Vorgang die ihm gebührende Aufmerksamkeit zu schenken. Zelebrieren Sie ab jetzt regelmäßig den einen oder anderen Lunch-Termin als Genussmeditation:

- Gehen Sie allein essen, um Ruhe zu haben, oder wählen Sie achtsam aus, mit wem Sie das Essen einnehmen. Die Person sollte Ihnen Energie spenden und Ihnen guttun. Folgende Fragen helfen dabei, das herauszufinden: Sehe ich der Begegnung mit Freude entgegen? Kann ich aufrichtiges Interesse für meinen Begleiter entwickeln? Habe ich das Gefühl, mich verstellen zu müssen? Oder kann ich so sein, wie ich bin? Wie habe ich mich nach den letzten Begegnungen mit dem Lunch-Partner gefühlt: bereichert oder erschöpft oder gelangweilt? Jede negative Antwort empfiehlt ein Essen in ungestörter Atmosphäre.
- Begeben Sie sich nicht in Ihre gewohnte Umgebung, sondern wählen Sie einen Ort, der Ihnen sehr gut gefällt und ein genussvolles Mittagessen verheißt.
- Reservieren Sie oder suchen Sie sich einen schönen und ruhigen Sitzplatz.
- Wählen Sie ein Gericht, von dem Sie wissen, dass Sie sich nach dem Verzehr besser und nicht schlechter fühlen. Ein Schweinebraten mag schmackhaft sein, kann Sie aber unter Umständen bis zum Abendessen belasten und Ihnen wertvolle Energie abziehen. Bestellen Sie aber auch nichts, was gar nicht Ihrem Geschmack entspricht.
- Das Essen kommt auf den Tisch: Lassen Sie die Mahlzeit mindestens fünf Sekunden lang auf sich wirken,

bevor Sie anfangen zu essen. Wie duftet das Essen? Wie sieht es aus? Können Sie in Gedanken bereits etwas schmecken, noch bevor Sie die erste Gabel genommen haben?
- Dann nehmen Sie achtsam und langsam den ersten Bissen in den Mund und kauen ihn so lange, bis Sie nichts mehr schmecken. Vielen Menschen fällt es schwer, länger zu kauen, weil sie bereits den nächsten Bissen vorbereiten, bevor sie den ersten heruntergeschluckt haben. Lassen Sie sich nicht von Ihrem Hunger oder der Gier verführen, sondern genießen Sie Ihr Mittagessen – Gabel für Gabel.
- Nicht nur der erste, sondern auch der letzte Bissen ist wichtig. Setzen Sie dem Essen bewusst ein Ende, wenn Sie satt sind, und genießen Sie den letzten Geschmack auf Ihrer Zunge.

Wenn Sie diese Lunch-Meditation auf andere Mahlzeiten ausweiten, können Sie nicht nur das körperliche Wohlbefinden verbessern. Sie nehmen aufgrund des erst nach einer Weile einsetzenden Sättigungsprozesses auch weniger zu sich.

Sie können diese Form der Genuss-Meditation auch auf jede x-beliebige Tätigkeit ausweiten: Auto fahren, Ablage machen, ein Meeting abhalten, eine Bilanz prüfen, zur U-Bahn gehen etc. Mit zunehmender Praxis entwickelt sich die Übung zu einem Weg zur Selbstbeobachtung, auf dem Sie lernen, die Gedankenflut einzudämmen und den Augenblick zu genießen. Dieser Prozess schenkt Ihnen Gelassenheit und Freude.

Indem Sie Ihre Aufmerksamkeit auf das genussvolle Tun lenken und die Tätigkeit wahrnehmen, wie sie ist, steigern Sie Ihre Erlebnis- und Empfindungsfähigkeit. Und Sie sorgen sofort für Ausgeglichenheit, weil kein Raum mehr bleibt für belastende Gedanken.

Woran erkennen Sie, dass Sie achtsam sind? Ihre Einstellung ist verändert. Sie werden besser mit Problemen fertig, da Sie weniger über Vergangenes grübeln und sich nur wenig Sorgen um die Zukunft machen. Ihre Konzentrationsfähigkeit ist verbessert und Sie fühlen sich selbstbewusst und kraftvoll. Optimismus prägt Ihren Umgang mit anderen, und das ist mit mehr Toleranz und Gelassenheit verknüpft. Ist Ihr Geist erst einmal zur Ruhe gekommen, stellt sich eine tiefe Zufriedenheit und Gelassenheit ein.

Genießen Sie diese Resultate!

Bringen Sie Körper, Geist und Spirit in Einklang, um schwächende Dysbalancen zu vermeiden.

BALANCE

Tragen Sie nicht alles,
tragen Sie das Richtige

Optimieren Sie Ihre Qi-Bilanz

»Warum bist du immer so zufrieden?«, fragte ein Schüler seinen Meister. »Was ist das Geheimnis deiner Ausgeglichenheit?«
»Es gibt kein Geheimnis«, antwortete der Meister. Nach diesen Worten ging er langsam zum Regal und nahm drei Teeschalen heraus. »Jedes dieser Gefäße repräsentiert einen Bereich deines Seins: Körper, Geist und Spirit. Bist du ein ausgeglichener Mensch, sind alle drei mit stärkendem grünen Tee gefüllt. Du bist der Beste, der du sein kannst und sein möchtest, wenn alle gleich voll sind – ohne überzulaufen.«

Balance, die Einheit von Körper, Geist und Spirit, ist ein wesentlicher Aspekt in der Weisheit der Shaolin – und ein entscheidendes Tool für Manager. Ohne Spirit ist Ihr Wirken hartherzig und sinn-los. Wer mit hängenden Schultern und grimmiger Miene Aufbruchsstimmung verbreiten will, erreicht nichts. Ein unruhiger oder überlasteter Geist kann weder achtsam noch leidenschaftlich oder fokussiert sein. Langfristig zufriedenstellender Erfolg stellt sich nur dann ein, wenn alle drei Player im Spiel sind.

Dem Verstand fällt allerdings eine zentrale Rolle zu, weil er wie schon gesagt immer der Chef sein will und die anderen beiden Anteile verbindet bzw. beeinflusst. Wer ausschließlich aus dem Verstand heraus agiert, schafft ein Ungleichgewicht, das sich auf alle drei Bereiche auswirkt. Die Menschen unserer Gesellschaft fokussieren sich hauptsächlich auf den Verstand und schenken Körper und Seele nur im Ernstfall Beachtung. Sie essen erst gesünder, wenn der Arzt einen zu hohen Cholesterinspiegel diagnostiziert; sie suchen nach Techniken zur Stressminderung, etwa Meditation, wenn Angstgefühle oder Herzprobleme auftauchen.

Balance heißt, auf allen Ebenen ein Gleichgewicht in sich selbst zu finden und nicht nur die angenehmen, sondern auch die unangenehmen Seiten des Lebens gleichermaßen anzunehmen. Das ist der ideale Zustand, den wir als Menschen erreichen können, weil wir dann unser volles Potenzial leben, ohne körperlichen oder seelischen Schaden zu nehmen. Erst wenn Körper, Geist und Spirit im Einklang sind, können Sie der Beste werden, der Sie sein können: der beste Vater oder die beste Mutter, der beste Ehemann oder die beste Ehefrau, der beste Freund oder die beste Freundin, der beste Manager, der beste Angestellte, der beste Kollege etc. Dadurch helfen Sie auch anderen, in Balance zu kommen und das Beste zu geben.

Praxis: Teatime

Die auf der nächsten Seite stehenden Teeschalen repräsentieren die drei Bereiche Körper, Geist und Spirit. Überprüfen Sie Ihre berufliche und private Lebenssituation, indem Sie in die abgebildeten Schalen einzeichnen, wie voll sie bei Ihnen sind. Gibt es Schalen, die überlaufen? Sind manche Schalen fast leer? Enthält jede Schale das Richtige? Ist alles in Balance?

KÖRPER   GEIST   SPIRIT

Wer dauerhaft im Ungleichgewicht ist, verbraucht wertvolle Lebensenergie und reduziert seine Lebensfreude. Viele Probleme und Beschwerden resultieren aus diesem Ungleichgewicht, weil eine oder mehrere Schalen entweder zu voll oder zu leer sind bzw. Müll oder Gift beinhalten.

Der Mensch ist ein energetisches System, das durch Dysbalancen be- und überlastet werden kann. Auf körperlicher Ebene führt eine unausgeglichene Lebensweise – etwa durch schlechte Ernährung, mangelnde Bewegung, Stress, Druck, Kummer oder Schlafmangel – zu einer Überfülle, einem Mangel oder der Stagnation des Qi. Und das wiederum minimiert die Vitalität. Die Folgen: Antriebslosigkeit, Müdigkeit, Schlafstörungen, Lustlosigkeit, innere Unruhe, Tinnitus, Burn-out etc.

Es gibt aber auch Energiekiller, die Herz und Verstand mit einem Schleier zu überziehen scheinen. Zum Beispiel negative Gedanken und Gefühle, Zweifel, Unruhe, Trägheit, Unzufriedenheit, krankhafter Ehrgeiz, Widerwillen, Sich-mit-anderen-Vergleichen, Aggression, Neid, Missgunst etc.

Um die Balance bewusst herbeizuführen, sollten Sie Zeitfenster schaffen, in denen es nicht um das Analysieren von Problemen, um das Suchen von Lösungen oder um das Verstehen von Hintergründen geht. Stattdessen lohnt es sich, in Ruhe und ganz bewusst folgende Qualitäten zu fördern: Freude, Mitgefühl, Weisheit, Glück, Offenheit, Stille, Frieden und Leerheit. Damit schaffen Sie ein stabiles emotionales Fundament, auf dem Sie in Freude Ihre Fähigkeiten optimieren und der Beste werden, der Sie sein können. Ein ausgeglichener Mensch verabschiedet sich von dem, wer oder was er zu sein glaubt. Um zu dem zu werden, der er ist. Das ist Erfolg – auch eine Frage des Qi.

Praxis: Killer oder Booster?

Wie auch immer Ihr Tee-Test ausgefallen ist, die Ursache für eine leere oder halb gefüllte Schale liegt darin, dass Sie in dem Bereich Ihre Energie verschwenden. Gib nicht alles, gib das Richtige – das heißt auch, mit dem Qi haushalten zu lernen. In der nachfolgenden Übersicht finden Sie einige Beispiele von emotionalen Zuständen, die entweder als Energiekiller oder als Energiebooster fungieren. Was davon kommt Ihnen bekannt vor?

Energiekiller	Energiebooster
Ich denke negativ über mich und andere.	Ich denke wohlwollend über mich und andere.
Ich zweifle an mir selbst.	Ich glaube an mich und meine Fähigkeiten.
Ich erwarte viel von mir und anderen.	Ich habe keine falschen Erwartungen und lasse mich nicht täuschen.
Ich will es immer allen recht machen.	Ich tue, was jetzt gerade wichtig ist.

Ich muss perfekt sein.	Ich gebe mein Bestes.
Ich mache mir immer Sorgen.	Ich sehe und nehme die Dinge, wie sie sind.
Ich habe viele Ängste.	Ich bin zuversichtlich und motiviert.
Ich will immer recht behalten.	Ich lerne gern von anderen.
Ich vernachlässige mich selbst.	Ich sorge gut für mich.
Ich bewege mich kaum.	Ich gönne meinem Körper regelmäßige Bewegung.
Ich komme oft nicht zum Essen oder esse einfach, was es gerade gibt. Hauptsache, schnell satt!	Ich ernähre mich bewusst, gesund und maßvoll.
Ich schlafe wenig.	Ich schlafe ausreichend – acht bis neun Stunden pro Nacht.
Ich tue sinnlose Dinge.	Ich sehe einen tieferen Sinn in meinem Tun.
Ich habe keine echten Freunde.	Ich sorge für ein abwechslungsreiches und inspirierendes soziales Umfeld.

Legen Sie nur Ihre persönliche **Qi-Bilanz** an, indem Sie Ihre zehn schlimmsten Energiekiller identifizieren und in der linken Spalte so genau wie möglich benennen. Anschließend ersetzen Sie diese in der rechten Spalte durch Energiebooster.

Meine Energiekiller	Meine Energiebooster

Ihr Körper ist Ihre Waffe

Im Shaolin-Kloster und in anderen buddhistischen Tempeln sieht man oft kleine runde Püppchen aus Holz, auf die ein Gesicht aufgemalt ist. Schubst man das Püppchen in eine Richtung, wackelt es eine Weile hin und her, bis es wieder in die eigene Balance zurückfindet. Diese Figur – auch Daruma genannt – ist ein Glücksbringer, der, wie die Legende erzählt, Bodhidharma, den Gründer des Shaolin-Tempels, darstellt. Er habe, um Erleuchtung zu erlangen, neun Jahre im Sitzen meditiert. Diese Bewegungslosigkeit, stellte er fest, führte dazu, dass Beine und Arme verkümmerten. Deshalb etablierte er ein Bewegungskonzept für die Mönche, um neben Geist und Spirit auch den Körper in Balance zu halten.

Die Sorge um die Balance ist ein vorbeugender Lebensstil, bei dem es darum geht, durch Achtsamkeit alle drei Bereiche in Einklang zu bringen und zu verhindern, dass einer verkümmert. Das Kugelpüppchen ist ein Symbol, das die Shaolin daran erinnern soll.

Mithilfe der Kung-Fu-Formen stimulieren sie einen Regenerationsprozess, der ihr Qi erhöht und die körperliche, geistige sowie seelische Klarheit fördert. Diese Form der Körperarbeit reinigt und diszipliniert die Gedanken und löst körperliche und seelische Spannungen auf.

Die Balance zwischen Körper, Geist und Spirit ist die Voraussetzung für Gesundheit, Leistungskraft und Fitness. **Wer in der Lage ist, seine Lebensenergie zu fördern, kann Großes bewirken. Wenn Sie mit Ihrem Qi richtig umzugehen verstehen, können Sie viel erreichen – und zwar ohne viel zu verschwenden.** Dazu müssen Sie nicht jahrelang Kung-Fu trainieren. Sie erreichen das auch mit Qigong, das sind einfache, aber wirkungsvolle Bewegungsübungen, mit denen die Shaolin den Körper stärken und den Geist beruhigen. *Qi*, was wie bereits erwähnt »Lebenskraft« bedeutet, und *Gong*, das sich mit »Beharrlichkeit«, »Arbeit« und »üben« übersetzen lässt, ergeben zusammen eine einfache Formel: durch zielstrebiges und kontinuierliches Training die Lebensenergie steigern. Die langsamen und harmonisierenden Bewegungen bewirken, mit der richtigen Atmung gepaart, Achtsamkeit, Entspannung, Stressabbau, Regenerierung und Stärkung der Leistungskraft. Wer regelmäßig Qigong macht, eröffnet der eigenen Wahrnehmungsfähigkeit und Selbstbeherrschung eine neue Dimension.

Im Folgenden möchten wir Ihnen die Acht Edlen Übungen vorstellen, auch »Ba Duan Jin« oder »Acht Brokate« genannt. *Ba Duan* heißt so viel wie »acht Stück«, und *Jin* bedeutet »Brokat«, also ein edles, wertvolles Gewebe. Die Übungen veredeln den Menschen gewissermaßen, indem sie Körper, Geist und Spirit in Einklang bringen. Die Übungsreihe diente dazu, die Kraft und Vitalität der Mönche zu stärken, die beim Meditieren, Philosophieren und Rezitieren von Sutren sehr viel saßen. Die ersten schriftlichen Aufzeichnungen zu diesen Übungen, aus denen sich das spätere Shaolin-Kung-Fu entwickelte, reichen ins 4. und 5. Jahrhundert zurück. Auch heute noch ist diese Form des Shaolin-Qigong als unschätzbare Wellnessroutine weitverbreitet – nicht nur in China, sondern auf der ganzen Welt.

Die Acht Edlen Übungen sind wie gesundes Essen. Sie werden dadurch nicht in einer Woche 20 Kilo verlieren oder Ihren Cholesterinspiegel um die Hälfte senken. Aber Sie werden sich sofort nach dem ersten Üben gut fühlen und bereits nach kurzer Zeit werden sich merkliche, sichtbare und vor allem nachhaltige Erfolge einstellen.

Ob Sie sich damit auf der rein körperlichen Ebene stärken oder eine weitere Dimension erreichen, liegt ganz bei Ihnen. Wenn Sie die Ausführung aufmerksam, langsam und bewusst trainieren, beseitigen Sie nicht nur körperliche Energieblockaden, sondern auch mentale.

Sie benötigen für diese Übungen weder Kampfbegeisterung noch technisches Vorwissen, Sie müssen auch nicht besonders fit sein. Es geht ja darum, die körperliche und geistige Fitness zu steigern. Sie können die Übungen einmal täglich durchführen oder auch zwei-, dreimal in der Woche. Entscheidend sind Regelmäßigkeit und Kontinuität. Sobald das Training zur Gewohnheit wird, können Sie die folgenden Effekte spüren:

1. Sie verbessern Ihre Atmung und regen die Durchblutung Ihres Körpers an.
2. Sie bringen Ihr Qi auf allen Ebenen zum Fließen und fühlen sich aufgeladen.
3. Sie stellen Ihre körperliche Gesundheit wieder her und stärken Ihr Immunsystem.
4. Sie verbessern Ihre Durchblutung und Ihr Herz-Kreislauf-System.
5. Sie lockern und dehnen Ihre Muskulatur und erhöhen die Flexibilität Ihrer Bänder.

6. Sie stärken und harmonisieren die Funktionsweise Ihrer inneren Organe.
7. Sie vermindern Stress, weil Sie zu innerer Ruhe und Gelassenheit finden.
8. Sie bauen innere Kraft auf und fühlen sich fit, stark und entspannt.
9. Sie stärken Ihre Nervenkraft.
10. Sie fördern Ihre geistige und körperliche Flexibilität und sind bereit für Neues.
11. Ihre zufriedene und ausgelassene Ausstrahlung begeistert Ihr Team.
12. Sie erhöhen Ihre Performance und dadurch Ihren Erfolg.

Praxis: Shaolin Ba Duan Jin – die Acht Edlen Übungen

Die Acht Edlen Übungen setzen sich aus insgesamt acht Bewegungskomplexen zusammen, die jeweils achtmal wiederholt werden. Sie können aber auch jede Bewegung zunächst nur einmal praktizieren und sich langsam steigern.

Begleiten Sie die Bewegungen mit einer langsamen und fließenden Atmung. Atmen Sie dabei wie in jedem Übungsteil beschrieben immer durch die Nase ein und aus. Der Mund bleibt die ganze Zeit geschlossen, die Zunge berührt den Gaumen. Je harmonischer Sie beim Training atmen, desto harmonischer wird Ihr Herzschlag – eine wichtige Voraussetzung für den Gesundheitseffekt der Übungen.

0. Vorbereitung

Bevor Sie anfangen, stellen Sie sich aufrecht hin. Nehmen Sie einen tiefen Atemzug, öffnen Sie dabei Ihre Arme und falten Sie die Hände wie zum Gebet vor der Brust. Sammeln Sie sich ein paar Sekunden und beginnen Sie die Übungen.

Zwischen den einzelnen Übungen halten Sie jeweils kurz in der Grundposition inne, indem Sie sich wieder aufrecht hinstellen, die Füße schulterbreit auseinander, und beide Arme locker an den Seiten hängen lassen. Sobald Sie sich entspannt fühlen, gehen Sie zur nächsten Übung.

1. Mit beiden Händen den Himmel stützen

Anleitung:

- Nehmen Sie die Ausgansposition ein und halten Sie die Arme vor den Bauchnabel. Die Fingerspitzen berühren sich, die Handflächen zeigen nach oben.
- Beim Einatmen heben Sie die Handflächen nach oben bis zur Brust.
- Dann atmen Sie langsam aus, drehen die Handflächen, sodass sie wieder nach oben zeigen, und strecken die Arme dabei nach oben aus.
- Mit dem nächsten Einatmen senken Sie die Hände in der umgekehrten Bewegungsfolge wieder in die Ausgangsposition ab.
- Wiederholen Sie diesen Ablauf.

Der Körper-Geist-Spirit-Nutzen dieser Übung:
- Aktivierung des Energieflusses und optimale Verteilung des Qi.
- Verbesserung der Sauerstoffversorgung.
- Regulierung der gesamten Körperfunktionen.
- Lockerung von Verspannungen.
- Vertreiben der Müdigkeit.
- Lösen mentaler Blockaden.
- Geschmeidigmachen des Gedankenflusses.

2. Die Hände anheben, um den Magen zu besänftigen

Anleitung:
- Atmen Sie in der Ausgansposition einmal tief ein.
- Strecken Sie beim Ausatmen den rechten Arm nach oben, die Handfläche zeigt nach oben. Der linke Arm bleibt nach unten gestreckt, die Handfläche zeigt nach unten. Drehen Sie Ihren Kopf dabei zur linken Seite und blicken Sie über Ihre linke Schulter.
- Beim Einatmen senken Sie den rechten Arm ab und bringen den linken nach oben. Die Handflächen wie gehabt. Ihr Kopf dreht nun zur rechten Seite und Sie schauen über Ihre rechte Schulter.

Der Körper-Geist-Spirit-Nutzen dieser Übung:
- Stärkung des Magens.
- Förderung der Verdauung.
- Abbau von Stress.
- Steigerung der Konzentrationsfähigkeit.
- Stärkung der Bereitschaft, Neues anzunehmen.

3. Hinter sich schauen, um fünf Krankheiten und sieben Kümmernisse zu lindern

Anleitung:
- Nehmen Sie die Ausgangsposition ein, platzieren Sie die Füße in doppelter Schulterbreite und nehmen Sie einen tiefen Atemzug.
- Drehen Sie beim Ausatmen den Oberkörper nach rechts. Führen Sie dabei die rechte Hand nach hinten an den linken Oberschenkel. Die linke Hand geht zum rechten Beckenknochen. Ihr Blick folgt der Bewegung nach hinten und unten.
- Kehren Sie mit dem Einatmen in die Ausgangsposition zurück und wiederholen Sie die Übung zur anderen Seite.

Der Körper-Geist-Spirit-Nutzen dieser Übung:
- Stärkung des Immunsystems.
- Förderung der Durchblutung.
- Abbau von Spannungen.
- Herstellung gedanklicher Ausgeglichenheit.
- Fokussierung auf das Wesentliche.
- Balancierung der inneren und äußeren Haltung.

4. Den Kopf schütteln und mit dem Schwanz wedeln, um das innere Feuer auszutreiben

Anleitung:
- Stellen Sie sich in der Ausgangsposition auf, die Füße in doppelter Schulterbreite auseinander platziert.
- Beugen Sie die Knie und achten Sie darauf, dass sie nicht über die Zehen schauen. Der Rücken ist gerade. Atmen Sie ein.
- Legen Sie die Hände an die Oberschenkel und beugen Sie sich nach vorn. Der Rücken bleibt gerade. Atmen Sie dabei aus.
- Dann machen Sie mit dem Oberkörper eine bogenförmige Bewegung von einem Knie zum anderen. Und wieder zurück und wieder nach oben.
- Wiederholen Sie den Ablauf zur anderen Seite. Atmen Sie immer ein, wenn Sie den Oberkörper anheben, und aus, wenn Sie ihn senken.

Der Körper-Geist-Spirit-Nutzen dieser Übung:
- Abbau von körperlicher Anspannung.
- Reduzierung von Stress.
- Gedankliche Entspannung.
- Auflösen von angestautem Ärger.

5. Den Bogen nach links und rechts spannen und den goldenen Vogel schießen

Anleitung:
- Nehmen Sie die Ausgangsposition ein, diesmal stehen die Füße in dreifacher Schulterbreite auseinander.
- Gehen Sie in die Hocke und drehen Sie sich zur linken Seite. Dabei dreht und streckt sich das linke Bein. Das rechte bleibt gebeugt. Beide Fußspitzen zeigen nun nach rechts. Atmen Sie ein.
- Strecken Sie den linken Arm nach vorn und leicht nach oben aus. Mittel- und Zeigefinger sind gestreckt, die anderen Finger geschlossen. Der rechte Arm ist in Schulterhöhe angewinkelt, die Hand locker zur Faust geballt. Das Ganze sieht so aus, als würden Sie mit Pfeil und Bogen schießen. Der Blick geht nach links, die Augen weit geöffnet. Dabei atmen Sie aus.
- Wechseln Sie langsam und fließend von einer Seite zur anderen.

Der Körper-Geist-Spirit-Nutzen dieser Übung:
- Stärkung des Herz-Kreislauf-Systems.
- Verbesserung der Atmung.
- Vorbeugen von Schlaflosigkeit.
- Steigerung der Konzentrationsfähigkeit.
- Erhöhung der geistigen Vitalität.
- Aufbau von Zielorientierung und Vertrauen.

6. Mit beiden Händen die Knie fassen

Anleitung:
- Stellen Sie sich aufrecht hin, die Füße schulterbreit auseinander.
- Beugen Sie sich mit geradem Rücken nach vorn und legen Sie die Hände auf die Knie. Halten Sie diese Position ein paar Sekunden und richten Sie sich dann wieder ein Stück auf. Wenn Sie nach oben gehen, atmen Sie ein, wenn Sie nach unten gehen, aus.

Der Körper-Geist-Spirit-Nutzen dieser Übung:
- Regulierung eines niedrigen Blutdrucks.
- Stärkung des Zwerchfells.
- Verbesserung des Dehnungsvermögens.
- Anregung der Nierenfunktion.

7. Die Fäuste ballen und mit den Augen funkeln, um Energie und Kraft zu fördern

Anleitung:
- Stellen Sie sich aufrecht hin, die Füße sind in doppelter Schulterbreite auseinander.
- Gehen Sie leicht in die Knie und ziehen Sie die Ellbogen an die Seite. Die Hände sind zu Fäusten geballt und die Innenseiten zeigen nach oben.
- Strecken Sie erst die rechte Hand aus und drehen Sie dabei die Faust nach unten und öffnen Sie die Finger, so als würden Sie vor sich nach Energie greifen und sie zu sich ziehen. Auf dem Weg zurück drehen Sie die Hand wieder mit der Handfläche nach oben und schließen die Faust.
- Danach wiederholen Sie das Gleiche mit dem anderen Arm. Mit dem Strecken des Arms atmen Sie aus, mit dem Heranziehen der Energie ein.

- Die Augen sind die ganze Zeit über weit geöffnet, so als ob Sie etwas aufregend Tolles entdeckt hätten.

Der Körper-Geist-Spirit-Nutzen dieser Übung:
- Senkung des Blutdrucks.
- Verbesserung der Blutzirkulation.
- Steigerung der Energie.
- Stimulation der Leberfunktion.
- Stabilisierung der Gedankentätigkeit.
- Loslassen einschränkender Denkmuster.
- Loslassen von Belastendem.
- Erhöhung des Charismas.

8. Die Fersen heben und den Rücken ziehen, um 100 Probleme zu vertreiben

Anleitung:
- Stellen Sie sich aufrecht hin, die Füße sind schulterbreit auseinander.
- Verschränken Sie die Hände hinter Ihrem unteren Rücken, die Handflächen zeigen nach oben.
- Legen Sie Ihre linke Faust in die rechte Hand und umschließen Sie die Faust mit der rechten Hand leicht.
- Heben Sie beim Einatmen die Fersen an, während Sie mit gestreckten Armen die aufeinanderliegenden Hände nach unten drücken.
- Bleiben Sie ein bis zwei Sekunden in voller Körperspannung auf den Zehenspitzen stehen, wenn es geht auch ein paar Sekunden länger.

- Dann entspannen Sie den Körper, atmen aus und kommen in den festen Stand zurück, so als würden Sie sich auf die Fersen fallen lassen. Dabei lassen Sie die Hände, locker ineinanderliegend, hinter dem Rücken.

Der Körper-Geist-Spirit-Nutzen dieser Übung:
- Anregung der Blutzirkulation.
- Harmonisierung der Körperfunktionen.
- Verteilung des Qi im Körper.
- Harmonisierung der Gedanken.
- Einstimmung auf die Tagesaktivitäten.
- Verankerung in der eigenen Mitte.
- Erhöhung der Selbstakzeptanz.

Wir empfehlen Ihnen, die Acht Edlen Übungen täglich zu praktizieren, am besten morgens vor dem Start in den Tag. Sie brauchen dafür – bei jeweils acht Wiederholungen – etwa zehn Minuten. Das ist nicht viel Zeit, wenn man die positiven Effekte für Körper, Geist und Spirit bedenkt. Oder?

Mit der nachfolgenden Übersicht können Sie wöchentlich die Veränderungen in Ihrem Balanceprozess dokumentieren. Tragen Sie jeweils einen Qi-Level von 1 (niedrig) bis 10 (am höchsten) ein:

Zustand	Woche 1	Woche 2	Woche 3	Woche 4
Innere Ruhe				
Körperliche Leistungsfähigkeit				
Verbesserung der Herz-Kreislauf-Tätigkeit				
Kraft und Stärke				
Dehnbarkeit und Flexibilität von Bändern, Gelenken und Muskulatur				
Stressresistenz				
Lebensfreude				
Balance				
Gelassenheit				
Innere Erfüllung				
Ausstrahlung				

Hart und weich zur gleichen Zeit

Nach der Grundausbildung spezialisieren sich die Kung-Fu-Schüler ihren Neigungen entsprechend und härten ihren Körper ab, um sich in einer oder mehreren der sensationellen Künste zu trainieren, die auf uns eine große Faszination ausüben, weil sie geradezu übermenschlich wirken. Mit Methoden wie Iron Shirt, Iron Arm oder Iron Leg stählen die Kampfmönche den Oberkörper, die Arme, die Beine oder den Schädel. Sie können Eisenstangen auf dem Kopf zertrümmern, dicke Holzstöcke auf ihren Armen, ihren Beinen oder ihrer Brust zerbersten lassen und Backsteine mit der Handkante durchschlagen – ohne Schmerzen zu verspüren und ohne sich Verletzungen zuzuziehen. Was ist ihr Geheimnis?

Im Shaolin-Kloster heißt es: Das Harte ist im Weichen und das Weiche im Harten. Im Training stimulieren sie viele Jahre lange jeden Tag die Energie in einem speziellen Körperteil, indem sie beispielsweise Hunderte Male mit der Hand auf einen Gegenstand schlagen. Anfangs tun sie das vorsichtig und sanft, dann steigern sie sich, sodass der Schlag nach jahrelangem Üben mit so viel Kraft erfolgt, dass sie sogar Ziegelsteine entzweien können. Dabei geht es nicht nur um den Aufbau der Muskelkraft, sondern auch um die Qualität des Muskels und den Gebrauch des Qi. Diese vorsichtige und graduelle

Anpassung des Aufpralls verhindert, dass ein bleibender Schaden entsteht. Im Lauf der Zeit ist der Schüler in der Lage, sein Qi auf drei Arten zu bündeln:

Auf körperlicher Ebene. Zum einen erhöht sich durch die wiederholte Stimulation über einen langen Zeitraum die Knochen- und Muskeldichte. Zum anderen entwickelt der Schüler mehr und mehr Kontrolle über diesen Körperteil und findet damit das richtige Maß von »entspannter Anspannung«, das notwendig ist, um den Schlag ohne Schaden abzufedern. Die Folge: Der Körperteil ist hart und weich zugleich.

Auf geistiger und spiritueller Ebene. Mit der Zeit entwickelt der Schüler die Fähigkeit, sich so stark auf das Körperteil zu fokussieren, dass er sich beim Schlag auf die Balance aus innerer Anspannung und Entspannung konzentrieren kann. Über die Kontrolle der Atmung und der Herzfrequenz entsteht eine optimale Energiebalance, die dem Schlag ebenso widersteht wie der Angst davor.

Diese Verbindung von Körper, Geist und Spirit ist es, die außergewöhnliche Fähigkeiten ermöglicht und ungeahnte Potenziale freisetzt. Das ist das Geheimnis des Qi! Die Fähigkeiten der Kampfmönche sind keine Zauberei und im Grunde genommen nichts Besonderes. Jeder könnte das schaffen. Und dennoch ist es Magie und etwas Außergewöhnliches, da es jahrelanges hartes körperliches Training, Disziplin und mentale Stärke erfordert, um ein solche Stufe der Meisterschaft zu erlangen.

Auch ein Manager muss zu einer inneren Balance finden, die ihm ermöglicht, mal hart, mal weich und mal beides zugleich zu sein. Wer nur weich auftritt und einen Arbeits- bzw. Führungsstil des Laisser-faire lebt, kann weder Veränderungen erfolgreich begegnen noch Herausforderungen meistern oder Schwierigkeiten überwinden. Ein »weicher Manager« neigt dazu, Entscheidungsprozesse lieber abzugeben, statt sich den Themen zu stellen und die Verantwortung zu tragen.

Wer hingegen nur hart auftritt und einen Arbeits- bzw. Führungsstil der Autorität lebt, kann weder Veränderungen initiieren noch Herausforderungen verstehen oder Schwierigkeiten vermeiden. Ein »harter Manager« neigt dazu, die Verantwortung und Entscheidungsprozesse eher an sich zu reißen und alle Umstände zu kontrollieren, statt die Potenziale von Sachverhalten und Mitarbeitern bzw. Kollegen zu erkennen und auszuschöpfen.

Weich und hart zugleich bedeutet im Management, das eine zu tun und das andere nicht zu lassen. Entscheidend ist zu wissen, was gerade dran ist. Achtsamkeit führt zu diesem Erkenntnisprozess. Wer in jedem Moment das Hauptaugenmerk auf die wirklichen Ziele legt, findet die in der jeweiligen Situation adäquaten Maßnahmen, um angemessen zu handeln oder Probleme zu lösen.

Natürlich wird kein Manager daran gemessen, ob er dank harter und zugleich weicher Muskeln und innerer Fokussierung eine dicke Holzstange auf seinem Arm zerschmettern lassen kann. Aber: **Ihre Aufmerksamkeit richtig zu lenken ist auch im Business von entscheidender Bedeutung. Sie stellen damit sicher, dass weder Sie noch Ihr Umfeld wertvolle Energie verschwenden oder Entwicklungschancen verpassen.** Hart und weich zugleich sichert das Business-Qi. Denn fließende Energie ist fließender Erfolg.

Praxis: Das Iron-Manager-Training

Die meisten Menschen sind eher hart oder eher weich. Wir alle tragen aber das Potenzial in uns, beide Aspekte zielführend zu integrieren. Und das können Sie üben, wie die Shaolin beweisen. Das Iron-Manager-Training hilft Ihnen dabei, in Zielerreichungsprozessen beide Aspekte sorgfältig abzuwägen und ein besseres Verständnis für die in der jeweiligen Situation angezeigte Handlungsweise zu entwickeln. Mit einer solchen Vorgehensweise gewährleisten Sie den Energie- und damit Erfolgsfluss für sich selbst, für die Sache und für das Team – also für das gesamte Unternehmenssystem.

Bei dieser Übung geht es nicht darum herauszufinden, ob Sie tendenziell eher hart oder weich agieren. Mit den folgenden Fragen schaffen sie vielmehr größere Bewusstheit. Sie arbeiten daran, beide Anteile in sich zu vereinen und im richtigen Moment den richtigen einzusetzen:

- In welchen Situationen reagieren Sie hart? In welchen weich?
- Wie geht es Ihnen, wenn Sie Ihre harte Seite zeigen? Und wie fühlen Sie sich, wenn Sie die weiche zeigen?
- Wie reagiert Ihr Umfeld jeweils darauf?
- Welches Ergebnis erzeugen Sie, wenn Sie ein und derselben Herausforderung hart oder weich begegnen?
- Und welcher Effekt stellt sich ein, wenn Sie beides zugleich sind?
- Woran erkennen Sie, dass es richtig war, hart zu agieren?
- Woran erkennen Sie, dass es richtig war, weich zu agieren?

Die wahren Meister in der Kunst des »hart und weich zugleich« sind in der Lage, Schläge auszuhalten, die untrainierte Menschen töten würden. Diese Kampfmönche erzeugen in einer Hand so viel Kraft und Energie, dass sie mit einem Schlag große Steine zerteilen können – das schafft nicht einmal der stärkste Hammer.

Der Weg zu wahrer Meisterschaft führt zu weiteren positiven Shaolin-Effekten: Weisheit und Bescheidenheit. Wenn Sie Ihre eigene Kraft kennen, müssen Sie sie nicht mehr demonstrieren. Denn Sie wissen dann, wer Sie sind und was Sie können.

Wer außergewöhnliche Fähigkeiten besitzt, wird sie ungern zur Schau stellen, sondern lieber an diejenigen weitergeben, die ernsthaft an der Ausbildung ebendieser Kenntnisse arbeiten wollen. Die Sportler, die im Fernsehen oder auf Shows ihr Können unter Beweis stellen, tun das häufig auch, weil sie noch jung sind und ein Bedürfnis nach Anerkennung und Befriedigung ihres Egos verspüren. Das ist normal und verständlich, schließlich hat jede Etappe unserer Lebensreise einen Sinn und lehrt uns wertvolle Lektionen.

Leider gibt es auch Leute, die keine besonderen Fähigkeiten haben und ihr unwissendes Publikum mit Tricks täuschen. Sie zerschlagen einen Ziegelstein, der über Nacht in Wasser eingeweicht und anschließend in die Tiefkühltruhe gelegt wurde – so wird er leichter und schneller kaputtgehen. Oder sie zerbrechen eine Metallstange über ihrem Schädel, die vorher leicht angesägt wurde oder aus zerbrechlichem Material besteht, und behaupten, das habe etwas mit mentaler Stärke zu tun. Das ist Täuschung und damit genau das Gegenteil von Achtsamkeit, Training, Erkenntnis, Weisheit – und Erleuchtung. Es sind lustige Zaubertricks, die in Wirklichkeit nichts mit den Fähigkeiten der Shaolin zu tun haben. Denn sie verlangen kein jahrelanges hartes Training von Körper, Geist und Spirit, sondern nur Fantasie, ein paar Tage Vorbereitung und etwas Übung, sowie ein Publikum, das sich bereitwillig täuschen lässt.

Sie aber sollten sich weder im Beruf noch im Leben auf diese Stufe begeben, sondern überall versuchen, das Beste aus sich herauszuholen. Wenn Sie sich dabei von den Shaolin anleiten lassen, werden Sie ein Leben lang immer noch weitergehen können, denn Sie wissen: Ihr Potenzial ist schier unendlich.

Verbessern Sie sich auf dem Weg zum Erfolg kontinuierlich und erkennen Sie dabei den Unterschied, der den Unterschied macht.

DISZIPLIN

Strengen Sie sich nicht für alles an,
strengen Sie sich für das Richtige an

Fleiß oder Hingabe?

Kung-Fu heißt übersetzt »harte Arbeit«. Den Shaolin geht es aber nicht um die Anstrengung um der Leistung willen. Sie wollen durch konstantes Bemühen zu wahrer Meisterschaft gelangen. **Disziplin hilft ihnen dabei, ihre inneren Qualitäten und Stärken zum Ausdruck zu bringen.** Was verstehen Sie unter Disziplin? Fleiß bei dem, was Sie tun? Oder Hingabe an das, wie Sie es tun? Tun Sie die Dinge für sich selbst? Oder eher für andere?

Die Shaolin fokussieren sich nicht auf die Ernte, sondern darauf, den Garten zu kultivieren. Denn ist man beim Umgraben, Säen und Pflanzen, beim Bewässern und Unkrautjäten im gegenwärtigen Moment und ganz bei sich, dann gedeiht der Garten natürlich und wie von selbst. Wie heißt es so schön: Das Gras wächst nicht schneller, wenn man daran zieht. Diese Form von Kontrolle ist eine Illusion. Wer sich nur auf die Ernte konzentriert, arbeitet weder mit Sorgfalt noch mit Freude und bringt sich damit um den Genuss und um ein gutes Ergebnis. Innere Disziplin nährt sich aus der Hingabe an eine Sache und nicht aus purem Fleiß. Dann lassen wir uns nicht von der Vielfalt an Aufgaben verwirren, sondern bleiben auf das Richtige fokussiert.

Disziplin ist immer leicht, wenn sie einer Leidenschaft entspringt. Nur dann hat sie eine treibende und unterstützende

Energie, die uns bereits auf dem Weg zum Ziel Freude bringt. Denn nicht am Ziel anzukommen ist wichtig, so die Shaolin, sondern die Reise dorthin zu genießen und dabei jeden Tag an sich zu arbeiten. Disziplin macht diese Reise überhaupt erst möglich. Wer sich permanent verbessert, wird eines Tages der Beste, der er sein kann.

Viele Menschen haben das Gefühl, zu viel oder zu wenig diszipliniert zu sein. Sie geben entweder zu viel oder zu wenig. Das eine ist nicht besser als das andere, denn beides resultiert aus der Annahme, etwas geben zu müssen, weil andere das fordern. Auf diese Weise speist sich das Handeln jedoch nicht aus dem, was jetzt gerade erforderlich ist, sondern aus Erwartungen. Und die setzen uns oftmals so stark unter Druck, dass sich Disziplin schnell wie Schufterei anfühlt, weil wir den Maßstab und die Anerkennung unserer Leistung im Außen suchen. Wir räumen anderen Menschen die Macht ein, unsere Leistung zu beurteilen. Das schafft ein inneres Ungleichgewicht, weil die Rechtfertigung oder der Kampf gegen kritische Stimmen unglaublich viel Energie kosten, die sich besser und sinnvoller verwenden ließe. Was tut auf Dauer mehr weh: sich unzulänglich zu fühlen und unzufrieden zu sein? Oder etwas daran zu ändern?

Ein Shaolin trainiert kontinuierlich und diszipliniert für sich allein, um wahre Meisterschaft in dem zu erreichen, was er tut. Er nimmt von seinem Meister an, was es zu lernen gibt, und übt. Der Effekt: Diese Art zu arbeiten fühlt sich automatisch nicht mehr wie Disziplin an, obwohl es genau das ist. Ein Shaolin denkt beim Kämpfen nicht über Anstrengung oder Bequemlichkeit nach, auch wenn er weiß, dass er abends mit Muskelkater auf seiner Pritsche liegen wird. Disziplin bedeutet für ihn: Tun. Tun. Tun. Lernen. Lernen. Lernen. Üben.

Üben. Üben. Tun. Tun. Tun. Dazulernen. Dazulernen. Dazulernen ... Und das alles, um sich zu verbessern. Er weiß einfach, dass er das Richtige tut, und wird von Tag zu Tag besser. Diesen Zustand erkennen Sie auch daran, dass Sie ihn vermissen, wenn er nicht mehr da ist.

*Der Schlüssel zu allem ist Geduld.
Nicht durch Aufschlagen, sondern durch Ausbrüten
wird aus dem Ei ein Küken.*

Chinesische Weisheit

Wenn Sie das Richtige tun, gibt es keine Anstrengung mehr, sondern nur noch einen Übungspfad, dem Sie diszipliniert folgen. Dann ist Ihr ganzes System – Ihre Gedanken, Ihre Gefühle, ja jede Zelle Ihres Körpers – auf Ihr Tun programmiert. Und Sie können sich dabei zusehen, wie Sie Fortschritte machen.

Praxis: Der Kung-Fu-Test

Überprüfen Sie die Motive für Ihr diszipliniertes Handeln ab jetzt jeden Tag mit der Frage:

Worin will ich heute Meister werden?

Macht oder Ohnmacht ist eine Frage der Disziplin

Falsche Disziplin führt zu sinnlosem Kämpfen, weil wir mit Widerwillen eine Aufgabe nach der anderen abarbeiten. Ist ein Feind erledigt, lauert uns schon der nächste auf. Entweder zieht uns die Vergangenheit herunter, weil wir etwas nicht erreicht haben. Oder die Zukunft erschreckt uns, weil wir dauernd darüber nachdenken, was alles noch an Pflichten vor uns liegt. Auf diese Weise verwenden wir unsere kostbare Energie nicht gewinnbringend, sondern wir verschwenden sie, um einem unsichtbaren Gegner namens Druck standzuhalten. Die Folge: Perfektionismus, Selbstzweifel und Unsicherheiten, Rechthaberei, Neid auf die, die leichter weiterkommen, Schuldzuweisungen und unkontrollierbare Aggressionen, Konflikte und so weiter. Wozu? Sie können alle diese Kämpfe gegen sich selbst doch nur verlieren, weil Sie weder hinter dem stehen, was Sie tun, noch mit voller Kraft bei der Sache sind.

Richtige Disziplin fühlt sich einfach nur gut an. Achtsam geben wir uns einer Aufgabe nach der anderen hin, unser Denken ist fokussiert, sodass sich Raum zur Entfaltung auftut. Die Folge: Zufriedenheit, Flow, gute Ergebnisse, Ausgeglichenheit, Selbstbewusstsein, gute Beziehungen, Gewinne und so weiter.

Praxis: Richtig Handeln ist eine Frage der richtigen Disziplin

Hinterfragen Sie Ihre Einstellung zur Disziplin. Bitte bedenken Sie dabei: Die Aufrichtigkeit Ihrer Antworten entscheidet über das Maß Ihrer Erkenntnisse. Erst wenn Sie wirklich hinter jeder Antwort auch innerlich stehen, können Sie das Richtige geben. Sonst verschwenden Sie nur wertvolle Energie.

- Wie oft denken Sie bei der Arbeit »Ach, wenn es doch schon vorbei wäre! Wenn ich die Arbeit doch schon geschafft hätte!«?
- Warten Sie lieber, bis ein anderer eine unangenehme Aufgabe für Sie übernimmt? Oder packen Sie Ihre Arbeit sofort selbst an?
- In welchen Situationen haben Sie das Gefühl, sich abzuarbeiten oder leer auszugehen?
- In welchen Momenten stellt sich die Frage nach Disziplin gar nicht?
- Welche Ziele, die Sie sich setzen, empfinden Sie als zu groß?
- Bei welchen Aufgaben denken Sie »Das schaffe ich nie!«?
- Wie reagieren Sie, wenn es anstrengend wird?
- Sehen Sie eher die Stolpersteine auf dem Weg zum Ziel oder die guten Erfahrungen?
- Was muss geschehen, damit Sie schwierige Aufgaben oder hochgesteckte Ziele diszipliniert und beherzt in Angriff nehmen können?
- Welchen Ablenkungen geben Sie nach, wenn etwas Wichtiges ansteht, für das Sie viel Disziplin brauchen?

- Wie viel Energie und Disziplin bringen Sie auf, um so zu sein, wie andere es von Ihnen erwarten?
- Warum befriedigt es Sie, einen Stapel abzuarbeiten oder etwas auf Ihrer To-do-Liste abzuhaken?
- Was stresst Sie mehr: das, was Sie noch nicht getan haben? Oder das, was Sie gerade tun?
- Was sehen Sie, wenn Sie sich beim Kampf gegen die Disziplin beobachten?
- Was können Sie verändern, um Arbeit voller Elan und Tatendrang anzupacken?
- Wie können Sie den Arbeitsprozess freudvoller und gesünder gestalten, um dranzubleiben?

Das Kampftraining ist ein wichtiger Aspekt im Lernprozess der Shaolin, um die richtige Einstellung zur Disziplin zu entwickeln. Weil sie sich mit großer Leidenschaft und Hartnäckigkeit dem Üben hingeben, lernen die Kampfmönche, trotz aller Anstrengung und inneren Widerstände weiterzumachen. Mit der Zeit entwickeln sie eine natürliche Disziplin, die keine Kämpfe mehr erforderlich macht – weder gegen andere noch gegen sich selbst.

Falsche Disziplin führt hingegen zu sinnlosen Kämpfen, weil wir uns von Macht oder Ohnmacht leiten lassen, die beide aus einem Gefühl des Mangels resultieren. Wir kämpfen gegen einen »Feind«, weil er uns unsere vermeintliche Unzulänglichkeit spüren lässt. Im Kampf wollen wir ihn vom Gegenteil überzeugen. So zu kämpfen ist aussichtslos, weil wir unsere Emotionen nicht unter Kontrolle haben.

Disziplin im Sinne von Entschlossenheit macht uns widerstandsfähig und fokussiert. Während Disziplin, die auf Angst,

Sorgen oder Unsicherheit basiert, impulsives und irrationales Handeln nach sich ziehen kann. Und solche Gefühle sind wie ein heißer Stein, den wir aus dem Feuer holen und unserem Gegner zuwerfen – der, der sich als Erster verbrennt, sind wir. Den Shaolin geht es nicht darum, einfach nur einen Gegner zu besiegen und zu gewinnen – das ist die letzte Option. Sie kämpfen, um sich zu verteidigen, um Schaden zu vermeiden oder um gemeinsam zu siegen. Sie bringen das Thema Disziplin damit auf eine höhere Ebene, weil sie immer einen Sinn und edle Motive hinter ihrem Tun suchen. Das ist ihre Philosophie des Kämpfens.

Der edle Kämpfer identifiziert seine Motive so früh wie möglich und beendet eine Konfrontation idealerweise, bevor sie in einen Kampf ausartet. Er stellt sich nicht der Macht eines Gegners, den er gar nicht besiegen will. Sondern er nutzt seine Kraft und Disziplin, um die eigenen hinderlichen Denkkonzepte zu verstehen und anschließend zu verändern.

Die höchste Kunst besteht darin, den Kampf zu beenden, bevor er begonnen hat. Das gilt für Kämpfe mit anderen ebenso wie für die Auseinandersetzungen mit uns selbst. Viele Menschen haben nicht gelernt, den Kampf mit sich selbst aufzunehmen. Deshalb kennen sie auch ihre Kraft nicht. Doch wer keine Klarheit über die eigene Kraft hat, fühlt sich schwach und wenig selbstbewusst. Die Folge: Er richtet seine Aufmerksamkeit nicht auf sich selbst und sein eigenes Potenzial, sondern auf die vermeintlichen Schwächen der anderen. Der Gegner, den Sie bekämpfen, repräsentiert den Feind in Ihnen. Sie kämpfen nicht gegen ihn, sondern gegen sich selbst.

Praxis: *Kung Fu Thinking* statt *Kung Fu Fighting*

Werden Sie Ihr bester Trainingspartner, um Ihre Kräfte diszipliniert auszuschöpfen, statt sie in sinnlosen Kämpfen zu vergeuden. Ihre Denkmuster können Sie nur durchbrechen, wenn Sie sie begreifen. Stellen Sie sich Ihrem inneren Gegner mit der Kraft Ihrer Analysefähigkeit. Durch kontinuierliches Hinterfragen können Sie die wahren Motive negativer oder aggressiver Denkprogramme herausfinden und sich zum richtigen Handeln disziplinieren:

- Wofür kämpfen Sie?
- Welche Motive und Impulse treiben Sie an?
- Was versprechen Sie sich von diesem Kampf?
- Mit welchen Mitteln kämpfen Sie?
- Worauf verweist Sie das, was Sie an Ihrem Gegenüber nicht leiden können oder gar verabscheuen, an sich selbst hin?
- Was setzen Sie für diesen Kampf aufs Spiel?
- Welche Gefahren und Blessuren könnten Sie davontragen?
- Wer wollen Sie sein, wenn Sie kämpfen?
- Was haben Sie davon, wenn Sie immer wieder kämpfen?
- Woran erkennen Sie, dass Ihr Kampf zum gewünschten Erfolg führt?
- Was würden Menschen zu Ihrem Kampf sagen, die Sie bewundern?
- Woher wissen Sie, wann der Kampf zu Ende ist?
- Welche Erkenntnisse ziehen Sie daraus?
- Was können Sie von Ihrem Gegner lernen?

- Wie können Sie den Kampf beenden, bevor er beginnt?
- Wie würde es Ihnen gehen, wenn Sie nie mehr kämpfen müssten?

Je unsicherer wir uns fühlen, desto mehr Kontrolle wollen wir behalten und desto mehr kämpfen wir. Die Art und Weise, wie wir diese Unsicherheiten zu verbergen versuchen, hat Auswirkungen auf den Verlauf und die Härte eines Kampfes. Deshalb ist es leichter und gesünder, sich den eigenen Unsicherheiten zu stellen und damit einen harten Kampf zu vermeiden, als wertvolle Energie zu verschwenden, um einen aussichtslosen Kampf zu gewinnen.

Wu De –
die Tugenden des richtigen Handelns

Alle Schüler, die im Kloster die Kampfkünste studieren, müssen das sogenannte Wu De beherzigen. Dieses Regelwerk, das sich aus den chinesischen Begriffen *Wu* (deutsch: »Kampf«) und *De* (»Tugend«) zusammensetzt, enthält die wichtigsten Tugenden, mit denen sich die Kampfmönche begegnen. Es ist die Voraussetzung und die Grundlage, um reinen Herzens, diszipliniert und verantwortungsvoll zu trainieren und kämpfen.

Diese Tugenden dienen nicht nur den Shaolin, sondern auch uns in allen Arbeits- und Lebensbereichen dazu, unser Wesen zu verfeinern und zu veredeln. Wer die Tugenden der Shaolin lebt, ist reinen Herzens, weil er seinen Beitrag nicht nur für sich, sondern auch für andere leistet.

Der Duden definiert Tugend neben den moralischen Aspekten wie Anständigkeit und Integrität als Eigenschaft, Qualität und Stärke. Der Begriff bezieht also auch innere Qualitäten und Talente ein. Das Wort »Tugend« geht auf »taugen« zurück und bezeichnet die Vorzüglichkeit eines Menschen, also seine herausragenden Eigenschaften.

Werte lassen sich in ein System implementieren; Tugenden muss man kultivieren: Sie sind wie ein Samen, der nur dann zu einer Pflanze heranwächst und irgendwann wunderbare Blüten trägt, wenn man sich darum kümmert. Ohne Tugenden sind Werte nichts wert, weil kein ganzheitlicher Konsens darüber besteht, wie die Durchsetzung dieser Werte vonstattengehen soll. Tugenden sind hilfreich, weil sich alle in dem System befindlichen Menschen auf ein gemeinsames Regelwerk verständigen und deshalb mit dem gleichen Spirit bei der Sache sind.

Die Tugenden des Wu De sind in zwei Kategorien eingeteilt: zu erwartende und zu erlernende Tugenden. Ein Meister beobachtet potenzielle Schüler in den Trainingsschulen und beim Besuch im Kloster und wählt diejenigen aus, die die zu erwartenden Tugenden bereits in sich tragen und damit die besten Voraussetzungen mitbringen, um eines Tages zu wahrer Meisterschaft zu gelangen.

Die zu erwartenden Tugenden

- **Mitgefühl:** anderen gegenüber eine aufrichtige Anteilnahme und Fürsorge zeigen und ihren Bedürfnissen wohlwollend begegnen.
- **Selbstbeherrschung:** Selbstdisziplin und Beherrschtheit sind die unabdingbare Voraussetzung, um unnötige Konflikte zu vermeiden.
- **Bescheidenheit:** tiefes Selbstvertrauen, um nicht auf die Verführungen des Egos zu hören.
- **Leidenschaft:** um auf der langen Reise zur Selbstentwicklung bereitwillig zu lernen, zu handeln und durchzuhalten.

Die zu erlernenden Tugenden

- **Respekt:** sich selbst, dem Gegner, dem Kampf und der daraus zu lernenden Lektion gegenüber.
- **Demut:** um die Lektionen zu lernen und sie – unabhängig vom Ergebnis – zu akzeptieren.
- **Rechtschaffenheit:** um vor allem in schwierigen Situationen aufrichtig und integer zu sein.
- **Vertrauen:** sich selbst und dem Meister gegenüber sowie den gelernten und noch zu lernenden Lektionen.
- **Dankbarkeit:** für die Chance zu lernen und das Erlernte zu erproben.
- **Willenskraft:** um Widerstandfähigkeit zu entwickeln nach dem Motto »siebenmal hinfallen, achtmal aufstehen«.
- **Geduld:** um das, was die Kampfkünste lehren, wirklich zu verstehen.
- **Mut:** um sich selbst mit offenem Herzen und reiner Seele herauszufordern oder herausfordern zu lassen.

Das Leben ist eine Kung-Fu-Schule. Wenn Sie sich die Tugenden nicht bewusst machen, ist Disziplin anstrengend. Denn aufgrund unterschiedlicher Erwartungshaltungen der Menschen sind Konflikte vorprogrammiert – im Berufs- wie im Privatleben. Der Kampf beginnt meist dann, wenn derjenige, der Werte vorgibt und andere danach beurteilt, sie selbst nicht lebt. Wer die Tugenden lebt, sticht heraus, weil er Spirit hat – als Mensch ebenso wie als Arbeitskraft.

Besiege Zorn durch Liebe.
Besiege Böses durch Gutes.
Besiege Geiz durch Großzügigkeit.
Besiege den Lügner durch Wahrheit.

Buddha

Wie gehen Sie vor, wenn Sie eine neue Herausforderung anpacken? Nach welchen Kriterien entscheiden Sie sich für einen Arbeitsplatz? Nach welchen wählen Sie einen Mitarbeiter aus? Den Neigungen und Tugenden entsprechend? Oder ausschließlich aufgrund von Kompetenz, Performance oder Examensnoten? Und: Welche Vorgehensweise hatte bisher den gewünschten Effekt?

Wir messen Menschen oft an ihren Fähigkeiten, ihrem Wissen, ihrer Performance und den Ergebnissen, die sie erzielen. Dabei berücksichtigen wir aber nicht, dass Fähigkeiten und Wissen erlernbar sind, während sich die Performance und die Ergebnisse nur dann verbessern lassen, wenn eine entsprechende Veranlagung und Bereitschaft vorhanden sind. Sie beruhen auf Qualitäten, die ein Mensch als Teil seiner Persönlichkeit mitbringt. Wissen und Kompetenz kann man sich gemeinsam erarbeiten. Und genau dafür liefern die Tugenden ein Regelwerk, das ein Team – ob Meister und Schüler oder Vorgesetzter und Mitarbeiter – von Anfang an trägt.

Oogway, die weise Schildkröte aus dem Zeichentrickfilm *Kung Fu Panda,* findet eine wunderbare Metapher, um das zu erklären. Mit folgenden Worten motiviert sie Meister Shifu dazu, sich des ungeschickten Pandabärs Po anzunehmen, um ihn zum Drachenkrieger auszubilden, der das Land retten soll: »Sieh dir diesen Baum an. Ich kann ihn nicht zwingen zu erblühen, wenn ich es wünsche. Und er wird keine Früchte tragen, bevor die Zeit reif ist ... Was du auch tust, aus diesem Samen wächst ein Pfirsichbaum. Auch wenn du dir noch so sehr Äpfel oder Orangen wünschst, wird er Pfirsiche tragen.«

Oogway motiviert die Tugendhaftigkeit von Meister Shifu, sodass dieser wiederum die Tugendhaftigkeit des Pandabären motivieren kann. Folge: Der träge Bär entwickelt sich trotz seiner offensichtlichen Schwächen zum glorreichen Drachenkrieger.

Wie oft machen Sie aus Äpfeln und Orangen Pfirsiche?

Der Glaube an die Tugenden eines Menschen ist stärker als jede Disziplin oder Kontrolle. Wenn Sie die Tugenden kultivieren, wächst die Disziplin auf natürliche Weise. Wann geben Sie denn das Richtige und damit das Beste? Wenn jemand anderes an Sie glaubt? Oder wenn Sie kontrolliert werden?

Disziplin bedeutet weder Fleiß noch schneller oder mehr zu arbeiten oder sich zu etwas zu zwingen. **Wahre Disziplin ist die Hingabe an das, was Sie gerade tun, und an denjenigen, mit dem Sie es tun.** Alles andere kostet Zeit, Energie und Geld. Arbeit kann schlicht und ergreifend vergeblich sein, wenn man nicht an die eigenen Tugenden oder die seiner Mitarbeiter glaubt und sie deshalb weder erkennt noch fördert.

> *Disziplin bedeutet, sich darauf zu besinnen, was man will.*
>
> David Campell, Gründer des Kaufhauses Saks Fifth Avenue

Das leidige Thema Disziplin erledigt sich von ganz allein, wenn man Arbeit nicht mehr als etwas Negatives begreift. Arbeit ist ein Kampf, in dem Ihr Gegner Ihre Schwäche spiegelt. Sie können zurückschlagen oder die Chance annehmen, an seiner Stärke zu wachsen. Dann wendet sich der Kampf vom Negativen zum Positiven. Das ist wie Ausatmen: Erleichterung macht sich breit – weil Sie dürfen und nicht mehr müssen. Sie dürfen für eine Sache kämpfen, statt gegen etwas oder gegen jemanden kämpfen zu müssen.

Praxis: Wie tugendhaft sind Sie?

Tragen Sie auf einer Skala von 1 (niedrigster Wert) bis 10 (höchster Wert) ein, welche der aufgeführten Tugenden bei Ihnen bereits besonders ausgeprägt sind und welche Sie noch stärken können.

Tugend	Wert von 1 bis 10	Wachstumspotenzial
Mitgefühl		
Selbstbeherrschung		
Bescheidenheit		
Leidenschaft		
Respekt		

Demut		
Rechtschaffenheit		
Vertrauen		
Dankbarkeit		
Willenskraft		
Geduld		
Mut		

Die Tugenden mögen sich pathetisch anhören, sie geben Ihnen jedoch bei näherer Betrachtung und wohlwollender Haltung ein Gerüst, um nicht in eine Negativspirale oder eine Fleißfalle zu tappen. Sie spüren die Tugenden jedoch nur, wenn Sie aufmerksam sind. Das aber lohnt sich.

*Die trüben Wasser verbergen den Grund.
Bringen Sie Ruhe in Ihre Gedanken und in
Ihr Handeln, und Sie sehen klar.*

KLARHEIT

Konzentrieren Sie sich nicht auf alles, konzentrieren Sie sich auf das Richtige

»Heilig« und »profan« – alles hat zwei Seiten

Ein Vater zog mit seinem Sohn und einem Esel in der Mittagsglut durch die staubigen Gassen einer Stadt. Der Vater saß auf dem Esel, den der Junge führte.

»Der arme Junge«, sagte da ein Vorübergehender. »Seine kurzen Beinchen versuchen mit dem Tempo des Esels Schritt zu halten. Wie kann man so faul auf dem Esel herumsitzen, wenn man sieht, dass das kleine Kind sich müde läuft?!«

Der Vater nahm sich das zu Herzen, stieg hinter der nächsten Ecke ab und ließ den Jungen aufsitzen.

Gar nicht lange dauerte es, da erhob schon wieder ein Vorübergehender seine Stimme: »So eine Unverschämtheit. Sitzt doch der kleine Bengel wie ein König auf dem Esel, während sein armer, alter Vater nebenherläuft.«

Dies schmerzte den Jungen und er bat den Vater, sich hinter ihn auf den Esel zu setzen.

»Hat man so was schon gesehen?«, schimpfte sogleich eine ältere Frau. »Das ist Tierquälerei! Dem armen Esel hängt der Rücken durch, und der alte und der junge Nichtsnutz ruhen sich auf ihm aus. Die arme Kreatur!«

Die Gescholtenen schauten sich an und stiegen beide, ohne ein Wort zu sagen, vom Esel herunter.

Kaum waren sie wenige Schritte neben dem Tier hergegangen, machte sich ein Fremder über sie lustig: »So dumm möchte ich nicht sein. Wozu führt ihr denn den Esel spazieren, wenn er nichts leistet, euch keinen Nutzen bringt und noch nicht einmal einen von euch trägt?«

Der Vater schob dem Esel eine Hand voll Heu ins Maul und legte seine Hand auf die Schulter des Sohnes.

»Gleichgültig, was wir machen«, sagte er, »es findet sich doch jemand, der damit nicht einverstanden ist. Ich glaube, wir müssen selbst wissen, was wir für richtig halten.«

Eine eingeschränkte Wahrnehmung ist immer limitierend und vor allem täuschend. Sie weckt oder zerstört Erwartungen, die auf Sehnsüchten oder Vorurteilen gründen und schnell in sich zusammenfallen können.

Nehmen wir zum Beispiel das Shaolin-Kloster, das zweifelsohne ein Ort der Widersprüche ist. Einerseits repräsentiert es eine 1500 Jahre alte Kultur der Weisheit, andererseits ist es ein kulturelles Unternehmen. Diese Widersprüche betreffen nicht nur die Institution, sondern auch die Traditionen und den Alltag. Betrachtet man das Kloster oberflächlich und nur aus einer Perspektive, entsteht ein Bild im Kopf, das ganz anders als die Realität erscheint bzw. nur einen Ausschnitt davon wiedergibt. Dann sieht man vielleicht nicht den Reichtum einer Kultur, die die Kampfkünste und eine Weisheitslehre hervorgebracht hat und Menschen auf der ganzen Welt inspiriert. Man wird nicht der Geburtsstätte des Zen gewahr und sieht auch nicht die Mönche, die in Abgeschiedenheit den ganzen Tag studieren und hart trainieren. Die einseitige Betrachtungsweise fokussiert sich dann nur auf den kommerziellen Betrieb, der rund ums Jahr tagsüber Touristen aus aller Welt anzieht, ihnen

Tickets für Touren oder Shows sowie Spenden abnimmt und an zahlreichen Buden Souvenirs aus dem Kloster verkauft. Das alles ist kommerziell und zugleich nützlich, denn die Gelder erhalten den Tempel und finanzieren zahlreiche Projekte zur Erhaltung der Kultur auf der ganzen Welt. Der oberflächliche Blick produziert jedoch oftmals einseitige »Shaolin-Fantasien«. Die Folge: Der faszinierende Mythos blendet – oder das Profane stößt ab.

Die Wahrheit liegt wie so oft in der Mitte. Die profanen Aspekte des Klosters existieren nämlich überraschend harmonisch neben den heiligen Traditionen: »Manager-Mönche« leben mit »Meister-Mönchen«, die Entwicklung der Geschäfte fördert die Entwicklung der Kultur, die Touristen und das Chaos auf der einen Seite, Stille und Disziplin auf der anderen, Oberflächlichkeit und modernes Management neben jahrtausendealter Weisheit und Tradition.

»Wer das Heilige zu sehr verehrt und das Profane meidet oder umgekehrt, segelt immer in einem Ozean der Illusionen«, lehrt ein Zen-Sprichwort. Ein anderes besagt: »Vor der Erleuchtung Holz hacken und Wasser holen. Nach der Erleuchtung Holz hacken und Wasser holen.«

Was hat das mit modernem Business zu tun? Das Shaolin-Kloster war und ist eine Institution, die im Jetzt arbeitet. Das heißt, sie tut aus dem Moment heraus das, was gerade erforderlich und effektiv ist, um die »Unternehmenskultur« zum Nutzen derer zu entwickeln, die daran mitwirken wollen. Um das Heilige zu finden, muss man das Profane akzeptieren.

Was auch immer Sie über Ihr Unternehmen, Ihren Vorgesetzten oder Ihre Mitarbeiter denken, es gibt immer zwei Betrachtungsweisen: heilig oder profan, gut oder schlecht. Entscheidend ist, dass Sie klar sehen und wissen, wohin Sie Ihre

Aufmerksamkeit richten. Täuschungen sind wie eine Krake, die einen Arm nach dem anderen um Sie legt. Sie manifestieren sich in dem Gefühl, unter dem zu leiden, was nicht ist, statt das voranzutreiben, was ist. Mit der obigen Geschichte gesprochen: Was hätten Sie gedacht, wenn Sie dem Alten und dem Jungen mit dem Esel begegnet wären?

Um Ärger und Leid zu vermeiden, zeigen uns die Shaolin den mittleren Weg, der auch in der buddhistischen Lehre eine zentrale Rolle auf dem Weg zur Erleuchtung spielt: Sie gehen den mittleren Weg, wenn sie sich nicht dem einen oder dem anderen Extrem hingeben, sondern in der Mitte stehen, wo sie klar sehen können, was ist.

Der mittlere Weg wird oft mit der Saite eines Musikinstruments verglichen. Ist die Saite zu sehr gespannt, kann sie reißen. Ist sie zu wenig gespannt, ertönt kein richtiger Klang. Erst die moderate Spannung bringt die Saite zum Klingen.

Wenn Sie in Ihrer Abteilung beispielsweise die Augen vor Problemen eines Mitarbeiters verschließen, werden diese Schwierigkeiten irgendwann zu Ihren. Das bringt Ärger und Konflikte. Reagieren Sie auf die Probleme Ihres Mitarbeiters hingegen zu harsch oder zu schnell, vergeuden Sie womöglich sein Potenzial. Wie aber wäre der mittlere Weg? In der Mitte suchen Sie frei von einer extremen Position nach einer Lösung, die in genau dieser Situation und in Bezug auf diesen Menschen angebracht und zielführend ist.

Der mittlere Weg schafft Klarheit, weil er verlangt, beide Extreme zu sehen und zu durchleuchten. Vor der Erleuchtung kommt die Durchleuchtung, sonst bleiben wir in der Vermutung hängen. Als Vorgesetzter wie auch als Mitarbeiter ist es wichtig, die Position und die Probleme des anderen zu sehen und anzuerkennen – auch wenn man diese Position selbst vielleicht nie innehatte: Ein Manager sollte sich die Zeit nehmen, immer wieder einmal an die Basis zurückzukehren. Ein Mitarbeiter sollte eine Vorstellung davon entwickeln, mit welcher Verantwortung und welchem Druck sein Vorgesetzter konfrontiert wird. Mit einem offenen, ehrlichen und rechtzeitigen Austausch – ohne Täuschungen! – legen Sie den mittleren Weg frei, um ihn im Team zu beschreiben. Die Menschen, die dem Alten und dem Jungen mit dem Esel begegneten, hätten die beiden ja auch fragen können, warum sie tun, was sie tun. Oder?

Praxis: Den mittleren Weg entdecken

Wollen Sie den mittleren Weg finden, können Sie das mit folgenden Fragen tun:

- In welchen Bereichen verschwenden Sie Ihre Energie, weil Sie Täuschungen aufrechterhalten?
- Welche extremen Einstellungen bringen Sie und andere in Konfliktsituationen?
- Wo verlieren Sie sich im Profanen, ohne das »Heilige« zu sehen? Und wo haften Sie dem »Heiligen« an, ohne das Profane zu akzeptieren?
- Welche Seite verbergen Sie vor anderen?
- Was hindert Sie daran, ein offenes und ehrliches Gespräch mit einem Konfliktpartner zu suchen?
- Welche Entscheidungen wollen Sie nicht treffen?
- Welche Grenzen wollten Sie nicht überschreiten?

Die Gesetze der Wildnis

Zuangzhi, ein chinesischer Dichter und Philosoph, der vor etwa 2500 Jahren lebte, träumte eines Tages, er sei ein Schmetterling. In seinem Traum war er sich nicht darüber bewusst, ein menschliches Wesen zu sein. Er fühlte sich ganz und gar wie ein Schmetterling. Als er erwachte, fand er sich als Zuangzhi wieder.
»Nun weiß ich nicht mehr, ob ich ein Mensch bin, der geträumt hat, ein Schmetterling zu sein. Oder ob ich ein Schmetterling bin, der träumt, er sei ein Mensch.«

In alten Zeiten meditierten die Mönche viele Stunden lang in der abgeschiedenen Wildnis, die das Kloster umgab, und beobachteten die Natur. Dabei fiel ihnen auf, dass sich die Tiere instinktiv an ihre Umwelt anpassten und sich optimal darin bewegten. In ihrem Lebensraum waren sie jeweils der Beste, der sie sein können, in Bezug auf ihre Verhaltensweisen, ihre Energien, ihre Instinkte, ihre Gangart, ihre Strategien auf der Jagd, ihre Art beim Stellen der Beute, ihren Umgang mit Ruhe- und Aktivitätsphasen, ihre Orientierungsfähigkeit und die Art zu kämpfen.

Die Mönche stellten fest, dass es zahlreiche Übereinstimmungen mit den Menschen gab und man deshalb einiges von dem Verhalten und dem energetischen Zustand der unterschiedlichen Tiere lernen konnte. Die unterschiedlichen Tierenergien wiesen ihnen den Weg, um im Kampf die eigenen Stärken besser zu nutzen und die Schwächen zu kompensieren.

Nicht nur die Shaolin arbeiten mit Tierbildern, auch die westliche Welt kennt Redewendungen wie »schlau wie ein Fuchs«, »weise wie eine Eule«, »stur wie ein Esel« oder »stark wie ein Bär«.

Die Tierenergien eignen sich besonders gut in Stress- und Konfliktsituationen. Man stößt in solchen Momenten ganz schnell an die eigenen Grenzen, weil man dazu tendiert, impulsiv zu reagieren und damit in gewohnte – nicht immer dienliche – Verhaltensmuster zu fallen. Wie reagieren Sie im Extremfall: aggressiv, aufgewühlt, distanziert, ängstlich, passiv, gefühlskalt, unberechenbar, zynisch?

Wer mehr Klarheit über seine energetischen Reaktionsmuster und -potenziale bekommen möchte, findet in den Tierstilen der Shaolin ein hilfreiches Analyseinstrument. Im richtigen Tiermodus sind Sie gewappnet für alle Eventualitäten. Sie passen sich ideal der Situation an und sind so in der Lage, flexibel auf alles Unvorhergesehene zu reagieren. Die Kybernetik spricht in diesem Zusammenhang vom Gesetz der erforderlichen Vielfalt. Denn die größte Kontrolle in einem System hat derjenige, der maximale Flexibilität besitzt. Indem Sie Ihre eigene Tierenergie und die von anderen besser verstehen, können sie in Konfliktsituationen zudem schnell und reibungsfrei einen Konsens finden.

Wenn Sie sich ständig in ein- und demselben Energiemuster aufhalten, kann das kritische Auswirkungen haben. In der Affenenergie erhalten Sie zum Beispiel immer nur Affenresultate. Dann ist es nicht verwunderlich, dass ein Schlangenchef unzufrieden ist. Versteht der Affe hingegen die Schlangenqualität – und umgekehrt –, dann entsteht ein fruchtbarer Austausch.

Die charakteristischen Bewegungsformen und Energiezustände der Tiere sind eingeflossen in die Kung-Fu-Formen, die die Kampfmönche seit Jahrtausenden trainieren. Im Folgenden möchten wir Ihnen eine Auswahl von Tieren und deren Energiezustand vorstellen.

Tier	körperlicher Ausdruck	energetische Stärken	energetische Schwächen	Charakteristikum
Tiger		mutig, engagiert, belastbar, mächtig, selbstbewusst, geradlinig, direkt, stark, schnell, spontan, durchsetzungsstark, furchtlos	aggressiv, hart, zermürbend, impulsiv, übermächtig	Der Tiger ist voller Elan und Kraft, im Ernstfall kämpft er mit allen Mitteln.
Adler		selbstsicher, wachsam, visionär, schnell, präzise, rational, erkenntnisreich, sorgfältig, fokussiert, reaktionsschnell	abwartend, distanziert, unflexibel, zu detailorientiert, wild, gefürchtet	Der Adler ist ein wachsamer Beobachter, der schnell und präzise zuschlagen kann.
Schlange		wachsam, geduldig, vorsichtig, geschmeidig, flexibel, zielgerichtet, ruhig	zögerlich, scheu, ängstlich, unberechenbar, hypnotisierend, verwirrend, schnell attackierend	Die Schlange ist ruhig und geduldig und im Angriff geradlinig und unvorhersehbar.

Die Gesetze der Wildnis 119

Leopard		schnell, ausdauernd, koordiniert, stark, elastisch, flexibel, flink, kraftvoll	unruhig, aufgewühlt, eilig, widerwillig, vorschnell, zögerlich	Der Leopard ist defensiv-aggressiv, im Kampf reagiert er blitzschnell und voller Sprungkraft.
Affe		wendig, belastbar, schnell, freundlich, kraftvoll, akrobatisch, spontan, spielerisch, vielseitig, clever	nervös, verspielt, leicht ablenkbar, schwer greifbar, unentschlossen, garstig, emotional, unberechenbar	Der Affe ist immer in Aktion und spielerisch, in Konflikten wird er unruhig und unberechenbar.
Kranich		beharrlich, standfest, erhaben, ausgeglichen, beobachtend, ruhig, nervenstark, klar, reaktionsschnell	abwartend, abwehrend, überwachsam, nachgiebig, schwer greifbar	Der Kranich ist mild und lässt sich kaum aus der Ruhe bringen. In schwierigen Situationen verteidigt er sich, indem er die Unachtsamkeit seines Gegners nutzt.
Gottesanbeterin		konzentriert, unbeirrbar, entschlussfreudig, gefasst, effektiv, kontrolliert	gefühlskalt, starr, antriebslos, gnadenlos, gefährlich, undurchschaubar, täuschend	Die Gottesanbeterin zeichnet sich durch eine ebenso entschlossene wie kompromisslose Zielorientiertheit aus.
Drache		überlegen, magisch, energiegeladen, selbstsicher, charismatisch, geschickt, ungezwungen, geistreich	energisch, dominant, perfektionistisch, egoistisch, vermessen, verführerisch	Der Drache ist ein Fabelwesen und damit ein Idealbild, weil er gar nicht real existiert. Seine Energie ist souverän, kann aber schnell überheblich wirken.

Die Tierformen fördern im Arbeitsalltag ein gutes Energiemanagement. Denn Sie können damit einen Blick über die eigenen Grenzen werfen und außergewöhnliche Energien aktivieren, sei es beispielsweise für Veränderungsprozesse, neue strategische Projekte, schwierige Verhandlungen oder Interessenskonflikte. **Wer seine Energie versteht, kann sie optimal managen, eingefahrene Muster verlassen und selbst anspruchsvollste Ziele erreichen.** Das vermeidet die negative Wirkung, die falsch eingesetzte Energien im Unternehmen auslösen.

Wer sich in der immer gleichen Energie hochpusht, gerät irgendwann an die Grenzen seiner Belastbarkeit und verschleißt sich auf Dauer. Sie können das Richtige geben, wenn Sie den der jeweiligen Situation angepassten Energiemodus finden.

Praxis: Survivaltraining

Mit den Tierqualitäten können Sie überprüfen, ob Ihre Energien zielführend sind oder nicht und ob es sinnvoll ist, in einen anderen Energiemodus zu wechseln.

- Welche Energie ist bei Ihnen besonders ausgeprägt? Welche Energie hätten Sie gern?
- Welche Energie leben Sie am stärksten?
- Welche Energie vermeiden Sie? Und aus welchem Grund?
- Welche Energie können Sie an sich oder anderen nicht leiden? Und warum?
- Welche Energie könnten Sie in kritischen Situationen zielführend und gewinnbringend nutzen?

Um den eigenen Entfaltungsspielraum zu vergrößern und Ihre Selbstwahrnehmung mit der Fremdwahrnehmung abzugleichen, können Sie andere Menschen dazu auffordern, Ihre Tierenergie einzuschätzen.

Tier	gelebte Energie	vermiedene Energie	unangenehme Energie	zielführende Energie
Tiger				
Adler				
Schlange				
Leopard				
Affe				
Kranich				
Gottesanbeterin				
Drache				

Ihre Energie sagt mehr als Ihre Worte

Die Buddhisten sagen: Unser Geist bestimmt unsere Wahrnehmung. Und die Wahrnehmung beruht auf Energie. Sie formt und bestimmt uns, unsere Umgebung, unsere Interaktionen und unsere Kommunikation. Wenn ein Kollege oder der Vorgesetzte morgens schlecht gelaunt, gestresst oder zornig ins Büro kommt, ist diese negative Energie sofort zu spüren – ohne dass derjenige überhaupt ein Wort gesagt hat. Körper, Geist und Spirit dieses Menschen senden Energiesignale aus, die für jeden eindeutig sind, auch wenn sie sich nicht benennen lassen. Das kann der Gesichtsausdruck, eine hektische oder flache Atmung, ein Fingertrommeln, ein nervöser Fuß oder ein strenger Blick sein. Aber auch einfach nur die miese Stimmung selbst, denn die Energie kommuniziert weit durchdringender als die Sprache des Körpers. Wenn Sie achtsam sind, spüren Sie auch selbst, wenn Sie in der falschen Energie sind, weil sich Ihr Körper verhärtet oder verspannt.

Für eine erfolgreiche Kommunikation ist es wichtig zu verstehen, welche Botschaften wir aussenden, selbst wenn wir gar nichts sagen oder tun, und welche Botschaften wir empfangen, auch wenn wir etwas ganz anderes sehen oder hören. Ihre Energie enthüllt nicht nur die Wahrheit hinter Ihren Worten, sie macht das Reden manchmal auch überflüssig. **Wenn Sie**

Ihre Energie kennen und richtig einsetzen, können Sie sich viele Worte sparen.

Die wichtigsten Aspekte rund um die Energiekommunikation:

- Ihr Denken bestimmt die Qualität Ihrer Energie.
- Energie ist spürbar, weil die Arbeit fließt oder stockt.
- Das Umfeld spürt, was Sie denken, auch wenn Sie es nicht sagen.
- Was Sie verbergen wollen, ist energetisch sichtbar.
- Sie können über Ihre Energie steuern, was andere über Sie denken sollen.
- Mit einer ruhigen und regelmäßigen Atmung harmonisieren Sie Ihre Energie.
- Wenn Sie Ihrem Gesprächspartner respektvolle und herzliche Gefühle entgegenbringen, wird er das immer spüren. Das gilt auch, wenn Sie zugleich negative Gefühle in sich tragen.
- Kalte Worte senken den Energielevel, warme Worte erhöhen ihn. Warm verhandeln statt hart verhandeln!
- Nicht nur die richtigen Argumente überzeugen, sondern auch die richtige Energie.
- Die Energie verbessert sich, wenn Sie bereit sind, von anderen etwas zu lernen. Sie verschlechtert sich, wenn Sie unbedingt recht haben wollen.
- Je offener Sie im Umgang mit anderen Menschen sind, desto fließender ist die Energie.
- Nicht kommunizierte Aggressionen, Ängste, Misstrauen oder Selbstzweifel senken den Energielevel. Wohlwollen, Zuspruch, Vertrauen und Selbstentfaltung erhöhen ihn.

- Manipulation ist für andere auf energetischer Ebene als unangenehmes Gefühl spürbar.
- Überzeugungskraft schafft eine Energiebasis, auf der man gemeinsam vorankommt.

Energiekommunikation ist eine Superkraft, die jeder von uns in sich trägt. Viele sind sich dessen nur nicht bewusst und können diese Kraft deshalb nicht freisetzen oder halten sie zurück. Um dauerhaft erfolgreich im Beruf zu sein, ist es von elementarer Bedeutung, die eigenen Energiemuster sowie die der Mitarbeiter und Kollegen zu verstehen und zu managen.

Sie können diese Superkraft entfalten, indem Sie Ihren Spirit – die Summe Ihrer positiven Emotionen verbunden mit maximaler körperlicher und geistiger Präsenz – freisetzen. Wer emotional zurückhaltend ist, sieht darin möglicherweise eine große Herausforderung. Intellektuell betrachtet ist das auch so. Sie können nicht einfach beschließen, eben mal schnell gefühlvoller oder freudvoller zu sein, so etwas entwickelt sich. Es gibt jedoch zwei einfache, wirkungsvolle und stärkende Möglichkeiten, um Ihren Spirit zu aktivieren – über die Atmung und über die Augen:

Das Erste und das Letzte, was ein Mensch tut, ist atmen. Das verbindet ihn mit dem Leben. Atem ist Leben. Wenn Sie ohne Ablenkung langsam und tief atmen und sich erlauben, das zu genießen, dann sind Sie ganz nah bei sich. Nehmen Sie sich Zeit für Ihren Atem!

Praxis: Feel the Spirit

Sie können die folgende Atemübung überall praktizieren, auch am Schreibtisch. Am wirkungsvollsten ist sie, wenn Sie dabei ungestört sind.

1. Setzen oder stellen Sie sich bequem hin und schließen Sie die Augen.
2. Atmen Sie ganz bewusst durch die Nase ein und spüren Sie, wie die Luft durch Ihre Nasenflügel einströmt.
3. Stellen Sie sich vor, wie Luft ganz tief in Ihren Bauch fließt. Natürlich kann die Luft nicht in den Bauch fließen: Aber indem Sie tief in die Lungen atmen, sinkt das Zwerchfell, sodass sich der Bauch etwas nach vorn wölbt. Sie können, um den Effekt deutlicher wahrzunehmen, Ihre Hände auf den Bauch legen.
4. Visualisieren Sie einen kleinen Heizkörper, der die Luft im Bauchraum erwärmt. Diese Wärme ist wie eine Decke, die Sie umhüllt.
5. Ist alles angenehm warm, lassen Sie die Luft wieder zurückfließen und atmen durch die Nase aus. Spüren Sie, wie die Luft durch die Nasenflügel nach draußen dringt.

Nicht nur in der Kultur der Shaolin, auch in der westlichen Welt sind die Augen das Fenster zur Seele. Ihre Blicke drücken auf energetischer Ebene aus, was Sie denken oder fühlen, ohne dass Sie auch nur ein Wort mit Ihrem Gegenüber gesprochen oder eine Bewegung gemacht haben.

Im Shaolin-Training spielen die Augen ebenfalls eine wichtige Rolle. Zum einen sendet das Nach-oben-, Nach-unten- oder Geradeaus-Schauen dem Kampfpartner bestimmte Signale. Zum anderen sind weit geöffnete und strahlende Augen ein Zeichen für Offenheit und Klarheit, während ein schmaler oder verkniffener Blick eher Verschlossenheit, Härte, Verwirrung oder mangelnde Lebenskraft ausdrückt. Die Augen sind also ein elementares Werkzeug zur Förderung einer gelungenen Energiekommunikation. Die Shaolin unterscheiden in diesem Zusammenhang zwischen drei verschiedenen Blickrichtungen:

Nach unten schauen: In Momenten der Selbstreflexion und konzentrierten Innenschau fördert diese Blickrichtung Ihre Denk- und Gefühlsprozesse. Ansonsten sollten Sie das Nach-unten-Schauen vermeiden, denn es signalisiert in der Regel einen niedrigen Energielevel und mentale Schwäche.

Nach oben schauen: Wenn Sie auf der Suche nach Antworten auf komplexe Fragen oder in einem kreativen Denkprozess sind, empfiehlt sich diese Blickrichtung. Ansonsten sollten Sie das Nach-oben-Schauen vermeiden, weil es schwindende Energie und einen unruhigen Geist kommuniziert.

Geradeaus schauen: Diese Blickrichtung ist in den meisten Gesprächssituationen wichtig und hilfreich, ob im Meeting, einem Mitarbeitergespräch, beim Small Talk oder in einer Konfliktsituation, denn Sie können mit Ihren Augen Vertrauen, Aufrichtigkeit, Balance und Klarheit ausdrücken und damit eine positive Energiekommunikation mit den Menschen fördern, die Ihrem Blick begegnen.

Der richtige Blick hilft Ihnen zudem dabei, Ihre eigenen negativen Gefühle abzuschwächen. Denn es gibt eine Verbindung zwischen der Bewegung der Augen und Ihren gedanklichen und emotionalen Mustern. So können Sie mit der Veränderung Ihrer Blickrichtung einen positiven Einfluss auf Ihre Gehirnaktivität nehmen. Wie funktioniert das? Indem Sie beispielsweise nach oben schauen, signalisieren Sie Ihrem visuellen Kortex (Sehrinde), mehr Alphawellen zu generieren, die für angenehme Gefühle sorgen und damit negative und limitierende Denkmuster durchbrechen. Probieren Sie diesen stärkenden und befreienden Effekt der Augenbewegungen einfach einmal aus!

Praxis: Den Blick heben und über die Grenzen sehen

Sie können die Augenbewegungen unterschiedlich einsetzen:

1. In Auseinandersetzungen oder Konfliktsituationen können Sie Ihre Emotionen mit den Augenbewegungen schnell verändern.
   - Nehmen Sie als Erstes wahr, wohin Sie schauen. Wenn Sie sehr emotional sind oder sich schwach fühlen, werden Sie vermutlich eher nach unten sehen.
   - Richten Sie Ihren Blick nun ganz bewusst ein paar Sekunden nach oben, ohne den Kopf zu bewegen, und spüren Sie, was sich verändert.

2. Wenn Sie eine negative Situation verärgert oder gestresst hat, können Sie das schlechte Gefühl mithilfe der Au-

genbewegungen verändern. Ziehen Sie sich an einen ruhigen Ort zurück, wo Sie ungestört sind, und erinnern Sie sich an die negative Situation, die Sie noch nicht verarbeitet haben. Holen Sie die negative Empfindung aus Ihrem Inneren hervor und machen Sie dabei die folgende Übung:

- Schauen Sie 20 bis 30 Sekunden nach oben, der Kopf bleibt dabei gerade

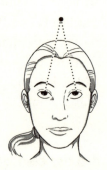

- Anschließend bewegen Sie die Augen 20-mal langsam von rechts nach links hin und her.

- Dann schauen Sie 20-mal von oben nach unten. Der Kopf bleibt gerade.

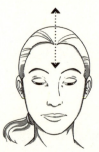

- Sollten die negativen Gefühle noch nicht verblasst sein, bewegen Sie die Augen in der Form einer Acht 15-mal erst in die eine Richtung und anschließend 15-mal in die andere.

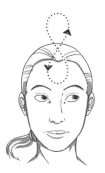

- Am Ende der Übung schauen Sie geradeaus und spüren nach, inwiefern sich das Gefühl verändert hat. Bei Bedarf können Sie die gesamte Übung wiederholen.

Wenn Sie in Ihrem Spirit sind, kommunizieren Sie auf energetischer Basis klar und deutlich. Dann ist kein Wort zu wenig oder zu viel, manchmal braucht es auch gar keine Worte mehr. Der Volksmund nennt das »sich blind verstehen«. Wer beispielsweise im Mitarbeitergespräch wegschaut, weil er etwas am Computer macht, kann keine Verbindung zu seinem Gegenüber aufbauen. Mit einem bewussten und zielgerichteten Energiemanagement hingegen schaffen Sie die besten Voraussetzungen für einen guten Arbeits- und Ideenfluss im Team – damit jeder zum richtigen Zeitpunkt das Richtige tut.

Energiemanagement ist der Schlüssel zu High Performance: Menschen, die eine starke positive Energie ausstrahlen, bezeichnen wir oft als charismatisch. Sie können das Gleiche sagen wie jemand anders, und doch glauben wir diesen Menschen mehr. Wir hören eher auf ihre Worte und folgen ihnen lieber. Diese Form von energetischer Kommunikation nennt man auch Anbieterautorität.

Praxis: 13 Regeln für mehr Teamspirit

Verinnerlichen Sie die folgenden Regeln für Ihren Alltag. Sie können sie sogar ausgedruckt im Büro oder im Besprechungsraum aufhängen.

1. Verschiedene Charaktere können friedlich miteinander arbeiten, solange sie sich auch energetisch respektieren.
2. Keiner im Team sollte seine wahre Natur verleugnen müssen.
3. Wenn mehr als zwei Teammitglieder ständig in eine Verteidigungs- oder Abwehrhaltung gehen, kann das Team keinen gemeinsamen Spirit entwickeln.
4. Wer sich sehr alleingelassen und ungerecht behandelt fühlt, gefährdet den Teamspirit.
5. Negative Kritik, Mitleid und Zynismus senken den Energielevel im Team; positive Anerkennung, Mitgefühl und Humor hingegen heben den gemeinsamen Spirit.
6. Über die Harmonie in einem Team entscheidet nicht, was sich die einzelnen Mitglieder sagen, sondern wie sie das tun.
7. Die positive oder negative Teamenergie entscheidet darüber, welche Emotion die Zusammenarbeit leitet: Innovationskraft oder Angst?
8. Eingefahrene Arbeits- und Verhaltensmuster bewusst zu durchbrechen, stärkt den Teamspirit.

9. Die Erlaubnis, Fehler machen zu dürfen, steigert die Arbeitsleistung, die Innovationsbereitschaft und damit den Erfolg des Teams.
10. Teamrituale verschaffen ein Wir-Gefühl und Sicherheit – wertvoll für die Corporate Identity.
11. Jedes Mitglied eines Teams muss eine Rolle ausfüllen, mit der er oder sie zum Ganzen beiträgt. Ein regelmäßiger Rollenwechsel erzeugt Verständnis füreinander und erhöht die Flexibilität.
12. »Ver-führen« Sie Kollegen und Mitarbeiter mit Ihrer Vision, Kraft und Energie, ohne selbst dieser Verführung zu erliegen.
13. Alle im Team sollten sich – unabhängig von Hierarchiestufen – gegenseitig regelmäßigen Feedbacksituationen unterziehen, um an der Resonanz der anderen zu wachsen. Auch der Meister lernt von seinen Schülern.

Stellen Sie sich ein Team vor, das nach diesen 13 Regeln agiert. Dort zu arbeiten dürfte nicht nur angenehm sein, sondern auch höchst effizient und von langfristigen Erfolgen begleitet. Probieren Sie es in Ihrem Team aus!

Übernehmen Sie nicht nur die Verantwortung für das, was Sie denken und tun, sondern auch für das, was Sie nicht denken und nicht tun. Denn Sie leben vor, was Sie selbst erleben wollen.

HALTUNG

Zeigen Sie nicht alles,
zeigen Sie das Richtige

Stabilität erhöht Ihre Wirkung

Die innere und die äußere Haltung sind ein sehr kraftvolles und mächtiges Kommunikationsmittel. Wir hören etwas, spüren aber eine andere Energie – und das viel »lauter« als die Worte. Die Haltung unterstreicht die Worte – oder streicht sie durch. Sie ist wie ein Spiegel, der die Einstellung uns selbst und anderen gegenüber reflektiert. Wer seine innere Haltung versteht und weiß, wie er wirklich ist, muss sich und anderen keine Lügen über sich selbst erzählen.

Die Kung-Fu-Formen sind ein hilfreiches Übungsinstrument nicht nur im Kloster, weil sich beispielsweise in einem Seminar sehr schnell zeigt, bei welchem Teilnehmer innere und äußere Haltung übereinstimmen und wer Doppelbotschaften kommuniziert: Repräsentiert ein Leader Führungsstärke und sendet zugleich Zweifel aus? Fordert ein Mitarbeiter mehr Verantwortung und sendet zugleich Desinteresse aus? Die Art und Weise, wie die Bewegungsabläufe ausgeführt werden, erzählt dem Betrachter etwas über den Fokus, die Motivation, Konzentration, Körperspannung, Leidenschaft, Achtsamkeit, Gelassenheit, Balance, den Mut und die Entwicklungsbereitschaft dieser Person. Aber sie entlarvt auch ihre Verspannungen, den Perfektionismus, Widerstand, Ignoranz, Rechthaberei, Inkompetenz, Ablenkung, innere Emigration etc.

Ihre äußere Haltung definiert sich über Ihre innere Einstellung – das richtige Maß an Selbstachtung, Selbstvertrauen, Ruhe und Präsenz. Dieser Zustand ist nicht plötzlich da oder verschwindet wie der Wind, der eben noch den Sand aufwirbelte. Er manifestiert und vertieft sich nach und nach durch die Entwicklung Ihrer Persönlichkeit, Ihrer Tugenden, durch Erfahrungen und Wissen. Ihre Haltung gleicht eher einer Skulptur aus Stein, die die Witterung formt.

Sie mögen Ihren Geist belügen, aber Ihr Körper lässt sich nicht belügen. Wer nicht überzeugt oder voller Selbstvertrauen auftritt, das aber verbal kundtut, den entlarven Außenstehende und sind verständlicherweise nicht bereit, ihm mit Überzeugung zu folgen. Denn eine positive und sichere Haltung ist auf den Tugenden des Wu De gebaut, nicht auf dem Ego, auf Macht oder Strenge.

Hand aufs Herz: Sie wissen tief im Inneren, wenn Sie nicht alles geben. Sie wissen tief im Inneren, wenn Sie nicht die Wahrheit sagen. Sie wissen tief im Inneren, wenn Sie etwas tun, das Sie nicht wollen. Und Ihr Körper bringt dies zum Ausdruck. Ob Sie es wollen oder nicht.

Über die Haltung zeigt sich, ob sich jemand mit Leichtigkeit bewegt oder sich anstrengt. **Wenn wir uns gegen das eigene Naturell bewegen, verschwenden wir Kraft und Energie, weil es uns nicht ans Ziel führt.** Warum? Ist ein Mensch irritiert, laufen im Hintergrund körperliche Reaktionen ab, die zu Blockierungen führen, etwa zu schnelle Atmung oder eingefallene Schultern – und das passiert, auch wenn Sie Ihre wahren Emotionen verbergen wollen. Sie können sich eine positive Körpersprache bis zu einem gewissen Grad antrainieren. Aber wenn Sie es nicht wirklich ernst meinen, nimmt die Außenwelt das sehr wohl wahr. Blockierungen haben immer mit

Widerstand zu tun. Und dieser Widerstand ist in der äußeren Haltung und Bewegung erkennbar und spürbar. Dagegen können Sie nichts machen.

Eine negative Haltung beeinflusst zudem die Qi-Bilanz. Denn die Anstrengung für eine bestimmte Wirkung mag groß sein, der Effekt ist aber leider oft sehr gering, weil die Wirkung mangels kongruenter Haltung nicht erzeugt wird. Sie können eine negative Haltung abbauen und Ihre Präsenz, Ausstrahlung und Wirkung auch dadurch verbessern, dass Sie blockierende Gedanken loslassen. Das geht am leichtesten und schnellsten über den Atem.

Beobachten Sie das einmal bei sich selbst: Sobald Sie unter Druck stehen, atmen Sie instinktiv aus. Sie haben in komplexen Situationen vermutlich schon einmal so etwas wie »Puhhh« oder »Ufff!« gesagt – das sind Laute, bei denen man ausatmet. Doch um ausatmen zu können, muss man erst einmal richtig einatmen. Das tun die meisten Menschen in kritischen Momenten aber nicht. Sie atmen stattdessen flach, kurz und unregelmäßig, so als würden sie keinen unnötigen Wind machen wollen. Damit erzeugen sie aber genau die gegenteilige Wirkung, weil ihr Qi genug Sauerstoff braucht, um fließen zu können.

Die Art und Weise, wie jemand atmet, zeigt sich an seiner Haltung, weil man erkennen kann, ob er souverän ist oder an etwas Hinderlichem festhält. In einem blockierten Zustand ist die Erregung, die über eine schnelle oder stockende Atmung sichtbar wird, deutlich größer. Körper, Geist und Spirit danken eine ruhige, tiefe und fließende Atmung mit einer entspannten Haltung.

Praxis: Destabilisierende Gedanken ausatmen

- Stellen Sie sich entspannt hin, schließen Sie den Mund, ohne die Lippen fest aufeinanderzupressen, und atmen Sie tief durch die Nase ein.
- Halten Sie den Atem kurz in der Lunge fest und denken Sie an die hinderlichen und negativen Gedanken.
- Dann atmen Sie diese durch den fast geschlossenen Mund hinaus. Die Luft dringt durch die Lippen nach außen. Wenn Sie das langsam und bewusst tun, entsteht ein leises Säuseln, denn die Lippen bremsen den Luftstrom. Auf diese Weise entweicht viel mehr verbrauchte Luft aus der Lunge, sodass wieder Platz ist.
- Wenn Ihre Lungen leer sind, nehmen Sie mit dem nächsten tiefen Atemzug frische Energie auf und eine positive Haltung ein.

Ein Mensch mit einer guten Haltung kann sich nicht nur gut bewegen, er kann auch gut stehen. Stabilität verhindert, dass wir uns zu leicht umwerfen lassen. Probieren Sie das einmal aus, indem Sie ein paar Minuten einfach nur ruhig stehen bleiben. Die meisten Menschen treten bereits nach einer halben Minute auf der Stelle, weil ihr Schwerpunkt instabil ist. Wer hingegen richtig steht, bekommt eine essenzielle Haltung und steigert damit seinen Wirkungsgrad.

Ein guter und stabiler Stand erhöht die Effektivität, weil Sie Ihren energetischen Schwerpunkt kennen und nutzen. Die Shaolin sagen zu diesem Zentrum Dantian, ein Begriff, der die energetische Mitte des Körpers bezeichnet. Dieses Zentrum, auch »goldener Burner« genannt, befindet sich etwa zwei Fingerbreit unter dem Nabel und ist der Sammelpunkt Ihrer Energie. Wenn Sie mit dem Atem und mit den Gedanken Ihre Konzentration vom Kopf in das Dantian lenken, findet so etwas wie eine Verwurzelung statt. Man könnte auch sagen: Sie stecken damit Ihren Kopf in den Bauch. Der Effekt: Sie stehen, auch in instabilen Momenten, fest wie ein Baum.

Praxis: Die Stabilität erhöhen mit Ma Bu

Mit Ma Bu, zu Deutsch »Reiterstand«, einer der Grundübungen aus dem Kung-Fu, können Sie Ihre Haltung, die Stabilität Ihres Stands verbessern und an Flexibilität gewinnen. Diese Übung schult Ihre Ausdauer und damit Ihre Willenskraft. Für Menschen, die unter Stress leiden, ist sie zudem gut zur Entspannung. Das Ziel ist es, eine perfekte Balance zu erreichen, indem Sie Körper, Geist und Spirit auf einen Punkt hin ausrichten und im gezielten Nichtstun Kraft finden. Ma Bu ist auch eine Stehmeditation, die uns im Kampf gegen unsere inneren Widerstände stärkt.

Stellen Sie die Füße parallel und etwa vier Fußlängen weit auseinander und gehen Sie in die Knie, bis Ihre Oberschenkel parallel zum Boden sind (oder zumindest so weit, wie Sie kommen). Das sieht in etwa so aus, als würden Sie sich hinsetzen (aber ohne Stuhl). Halten Sie dabei den Rücken gerade. Die Knie sind nach vorn gerichtet, aber nur so weit, dass Sie Ihre Fußspitzen noch sehen können. Die Arme sind angewinkelt an den Seiten, die Hände zu Fäusten geballt, ihre offene Seite zeigt nach oben. Bleiben Sie so für ein paar Minuten ruhig und tief atmend stehen.

Mit der nachstehenden Bewegungsabfolge können Sie noch mehr Energie erzeugen:

1. Beim Einatmen bringen Sie die Arme nach vorn vor die Brust, bis sich die Unterarme berühren. Die Hände sind weiterhin zu Fäusten geballt. Stellen Sie sich vor, eine Kette wäre ganz eng um Ihren Torso und um die Arme gewickelt. Damit erzeugen Sie eine gewisse Spannung in der Rückenmuskulatur, in den Schultern und im Brustbereich.

2. Atmen Sie kraftvoll aus und stoßen Sie dabei beide Arme gleichzeitig mit geballter Faust zu den Seiten. Ihr Kopf dreht sich nach links. Stellen Sie sich vor, wie Sie kraft Ihrer Gedanken, Ihrer Atmung und der Power Ihres Rückens und Ihrer Arme die Kette sprengen.
3. Atmen Sie entspannt ein und aus und wiederholen Sie die Übung. Dabei drehen Sie den Kopf jedes Mal in die andere Richtung.

Spannung erzeugt Widerstand

Die Shaolin sind auf der ganzen Welt berühmt für ihre innere und äußere Haltung. Sie trainieren nicht nur gezielt und hart Muskelkraft, Reaktionsgeschwindigkeit und Dehnbarkeit, sondern auch mentale Stärke und Flexibilität. Auf diese Weise sind sie im Kampf nicht nur gegen jede Herausforderung gewappnet, sie verkörpern mit der richtigen Haltung zugleich die beste Version ihrer selbst und teilen sie mit der Welt. Ein Shaolin geht durch den Schmerz, lernt und wächst an den Aufgaben, die er sich selbst oder die sein Meister ihm stellt. Shaolin-Training bedeutet, stetig an den eigenen Widerständen zu arbeiten und über die Schmerzen den Trainingsbedarf zu erkennen.

Über die äußere Haltung zeigen sich auch die inneren Probleme und Spannungen, zum Beispiel unterdrückter Frust oder aufgestaute Wut. Wer sich immer wieder ärgert oder frustriert ist, schwächt sich auf Dauer selbst und fällt nach und nach in sich zusammen. Denn mit der gleichen Haltung erzeugen Sie immer das gleiche Gefühl. Mit geistiger und körperlicher Bewegung, also einem inneren und äußeren Haltungswechsel, kommt hingegen automatisch ein neues – besseres – Gefühl. Machen Sie regelmäßig die Acht Edlen Übungen (siehe ab Seite 65) oder Ma Bu (Seite 139 ff.) und Sie werden bereits nach kurzer Zeit feststellen, wie sich durch die Verbesserung Ihrer äußeren Haltung auch Ihre Einstellung zum Leben entspannt.

Wer in allen Lebenslagen die richtige Haltung einnimmt, dem folgt man gern, weil er natürliche Autorität und Tugend ausstrahlt. Denn wirksame Führung ist eine Frage der inneren Haltung. Der Shaolin-Manager ist kompetent, überzeugend, gelassen und bietet Autorität an. Sie strahlen aus, dass es sich lohnt, von und mit Ihnen zu lernen. Diese Haltung ist der Nährboden, auf dem sich andere gefördert und gefordert fühlen, sodass sie freiwillig die bestmöglichen Ergebnisse erzielen.

Praxis: Haltungsanalyse

Sie erreichen eine Haltungsverbesserung durch einen Prozess der Selbsterkenntnis, der eine bewusste und ehrliche Reflexion in Gang bringt und die Blockaden löst. Nehmen Sie sich etwas Zeit, um die folgenden Fragen zu beantworten:

- Was bedeutet eine gute Haltung für Sie?
- Welche Menschen bewundern Sie für ihre Haltung – außen wie innen?
- In welchen Momenten fallen Sie in sich zusammen?
- Welche inneren Widerstände schwächen Sie dann?
- Was verspannt Sie immer wieder?
- Was können Sie tun, um Ihre Haltung positiv zu beeinflussen?
- Welche drei großen Schritte sind dazu notwendig?
- Wie möchten Sie in komplexen Situationen gesehen werden?

Praxis: Haltungstraining

Wer nicht nur im Alltagsgeschäft, sondern auch in schwierigen Momenten Haltung bewahrt, ist erfolgreich und siegt am Ende immer. Die meisten Menschen kennen zwei mögliche Reaktionen: aushalten oder davonlaufen. Das ist ein archetypisches Programm, dem Sie nur entrinnen können, indem Sie sich Ihrer wirklichen inneren Haltung bewusst werden. Mit den folgenden sechs Methoden verändern Sie Ihre Haltung und bleiben in jeder Situation aufrecht:

- **Moduswechsel:** Nehmen Sie die kritische Situation wahr, ohne sie zu bewerten. Machen Sie sich bewusst, was Sie gerade am liebsten tun würden. Konzentrieren Sie sich auf Ihren Atem (siehe Atemübung Seite 125) und nicht auf das, was die Worte des Aggressors oder die problematische Herausforderung bei Ihnen bewirken.
- **Positionswechsel:** Verändern Sie Ihre Körperhaltung, indem Sie sich beispielsweise ein paar Sekunden zurücklehnen, um ruhig zu werden, Zeit zu gewinnen und eine gewisse Distanz zwischen Ihnen und der Konfliktsituation zu schaffen.
- **Argumentationswechsel:** Entspannen Sie den kritischen Moment durch einen verbalen »Entschärfer«, der frei von Angriffen ist, und bleiben Sie in der Argumentation bis zum Schluss sachlich: »Ihnen geht es also darum ...« (dann wiederholen Sie den Sachverhalt in eigenen Worten). Oder: »Können Sie mir ein Beispiel nennen?«
- **Bewusstseinswechsel:** Analysieren Sie die Situation ehrlich und rational. Ist die Kritik berechtigt, stehen

Sie dazu und thematisieren Sie eine Lösung. Ist sie nicht berechtigt, stellen Sie das sachlich und freundlich klar. Die Schlüsselfragen dazu lauten: Was will ich wirklich, aus reinem Herzen? Mit welcher Erinnerung an ein konfliktreiches Erlebnis will ich weiterleben? Auf welche Handlungsweise wäre ich stolz? Oder anders herum: Wofür würde ich mich verachten?

- **Paradigmenwechsel:** Suchen Sie die klärende Auseinandersetzung mit dem Konfliktpartner nicht im Kontext eines Meetings, sondern in der Ruhe und Intimität eines Vieraugengesprächs.
- **Emotionswechsel:** Betrachten Sie die Situation als Bild und stellen Sie sich vor, Sie schreiten mit Anmut und Würde durch diese sichtbar gemachte belastende Herausforderung. Idealerweise stellt sich schon Erleichterung ein, weil Sie das Bild weniger irritiert oder schreckt als zuvor. Sollten Sie noch keine Veränderung spüren, gehen Sie noch einmal durch das Bild, zum Beispiel an einer andern Stelle.

Amituofo – die richtige Haltung von Anfang bis Ende

Es reicht nicht, sich die Haare abzurasieren, eine bestimmte Kleidung zu tragen und Enthaltsamkeit zu üben, um ein Shaolin zu sein. Wesentlich dafür ist, authentisch zu sein und aufrichtig – im Umgang mit sich selbst und anderen. Wer nicht ehrlich zu sich selbst ist, ist nicht er selbst und kann deshalb auch nicht aus reinem Herzen agieren.

Aus diesem Grund begrüßen und verabschieden sich die Shaolin mit einer ganz bestimmten Geste des Respekts. Sie falten entweder die Hände vor der Brust zusammen wie zum Gebet oder sie halten die rechte Hand senkrecht vor die Brust. Dazu sagen sie das chinesische Wort »Amituofo« (gesprochen: Amitofo), das auf *Amitabha*, einen Begriff aus dem Sanskrit zurückgeht und ausdrückt, dass alles, was folgt, ehrlich aus dem Herzen kommt. »Amituofo« bedeutet außerdem auch noch »Danke«, »Entschuldigung«, »Gut gemacht« und vieles mehr. Dieses Wort soll den Begrüßenden wie auch den Begrüßten an die Tugenden des Wu De erinnern und daran, dass jeder Augenblick zählt.

Es gibt noch eine dritte Form von »Amituofo«: Dabei schlägt man die rechte Faust in die linke Handfläche, die senkrecht vor der Brust gehalten wird. Die rechte Faust symbolisiert die aggressive Seite der Kampfkünste, und die linke Handfläche steht für die Tugenden und Disziplin, die den aggressiven Kampf unter Kontrolle halten.

Diese Art zu grüßen drückt maximalen gegenseitigen Respekt aus. Die Partner praktizieren gemeinsam ein potenziell aggressives Kampftraining – das aber mit einer Haltung, die von beiden Seiten durch Selbstdisziplin, Respekt und Selbstbeherrschung gekennzeichnet ist. Kung-Fu lehrt uns, wie man Gewalt mithilfe der Tugenden (Wu De) und Disziplin unter Kontrolle bringt und beendet. Vielleicht ist das der Grund, warum diese Geste nicht nur im Shaolin-Kloster beliebt ist, sondern in ganz China.

Begrüßen Sie Ihre Mitarbeiter und Kollegen, wenn Sie morgens zur Arbeit kommen, mit einem Lächeln, einem netten Wort und per Handschlag? Oder murmeln Sie nur ein kurzes »Hallo« oder »'Morgen« in die Runde, damit Sie nur ja keiner anspricht, bevor Sie in Ihrem Büro verschwinden?

Warum ist Amituofo auch im Business so wichtig? Wenn Sie andere begrüßen, begrüßen Sie sich immer auch selbst. Indem Sie andere wertschätzen, bringen Sie also auch sich selbst Wertschätzung entgegen. Indem Sie andere anlächeln, lächeln Sie auch sich selbst an. Und das ist ein guter Start in den Tag. Je öfter Sie das praktizieren, umso entspannter und leichter werden Sie Ihre Arbeit bewältigen.

Wenn Sie andere aufmerksam wahrnehmen, können Sie intuitiv die Energie wahrnehmen und erkennen, was Ihr Gegenüber gerade braucht. Geben ist seliger denn nehmen, heißt es auch in der Bibel. Wer anderen hilft, stabilisiert sich damit zugleich selbst. Die Hirnforschung belegt das: Wenn wir uns um das Wohlergehen anderer Menschen kümmern, belohnt unser Gehirn uns mit Glückshormonen, die denen ähneln, die durch Sex, gutes Essen oder Drogen produziert werden. Fazit: Wenn Sie gut zu anderen sind, geht es auch Ihnen besser, und zwar nicht nur, weil die Glückshormone das Stresshormon Cortisol eindämmen. Eine Langzeitstudie an der Universität in Kalifornien hat 2011 ergeben, dass Menschen, die selbstlos anderen helfen, ihre Lebenszeit deutlich verlängern – und das ganz unabhängig von ihrem sozialen Status oder ihrem Bildungsstand.

Praxis: Amituofo am Arbeitsplatz

- Beginnen und beenden Sie Ihren Tag im Team mit einer freundlichen Begrüßung und einer netten Geste.
- Sprechen Sie nicht schlecht über andere und seien Sie Abwesenden gegenüber immer loyal.
- Behandeln Sie alle Mitarbeiter und Kollegen gleich, aber individuell verschieden.
- Schaffen Sie verbindende Teamrituale am Arbeitsplatz: Zelebrieren Sie beispielsweise Erfolge ganz bewusst.
- Seien Sie großzügig sich selbst und anderen gegenüber – vor allem wenn es Probleme gibt.
- Bringen Sie Kritik wohlwollend und konstruktiv zum Ausdruck, statt sie nur zu denken. Denn Ihr Gegenüber spürt Ihre negative Energie auf jeden Fall.

- Formulieren Sie Erwartungen offen, klar, wohlwollend.
- Entschuldigen Sie sich dafür, wenn Sie einen Fehler gemacht haben.

Die richtige Haltung hilft Ihnen auch dabei, die Dinge auf richtige Weise zu Ende zu führen. Delegieren Sie beispielsweise eine Aufgabe oder ein Projekt, verfolgen Sie die Arbeit des Kollegen oder Mitarbeiters dann aber nicht mehr weiter, bringen Sie sich um einen wichtigen Aspekt: die Befreiung des Beendens. Wenn Sie die Arbeit bis zum Ende begleiten, behalten Sie nicht nur den Überblick, sondern können auch von dem reinigenden Charakter dieser Vorgehensweise profitieren. Wirklich beenden entlastet, während halbherzig mit sich herumtragen belastet. Wer viele unfertige Sachen mit sich herumschleppt, strahlt Belastung über eine gedrückte Haltung aus und wird am Ende von dieser inneren und äußeren Last erdrückt.

Praxis: Entlastungsfrage

Überprüfen Sie Ihr Tun und Lassen ab heute täglich mit der folgenden Frage:

Was möchte ich heute beenden?

Eine solche Frage – täglich ernsthaft gestellt – bringt große Erleichterung. Sie werden sehen, wie schnell sie Sie entlasten und wie tief greifend sie Ihre Grundhaltung zum Thema Work-Life-Balance zum Positiven verändern wird.

Achten Sie darauf, welche Gewohnheiten Sie sich zulegen. Die einen mögen Sie voranbringen, die anderen behindern Sie vielleicht, kosten wertvolle Energie oder lassen Sie sogar leiden.

LOSLASSEN

Halten Sie nicht alles fest,
halten Sie das Richtige fest

Was müssen Sie aufgeben für Ihren Erfolg?

Ein Meisterhandwerker im alten China wurde vom Kaiser beauftragt, einen Schrank für des Kaisers Schlafzimmer im kaiserlichen Palast herzustellen. Der Handwerker, ein Mönch, sagte dem Kaiser, dass er während der kommenden fünf Tage nicht in der Lage sein werde zu arbeiten. Die Spione des Kaisers sahen, wie der Mönch die ganze Zeit dasaß und anscheinend nichts tat. Dann, als die fünf Tage vorbei waren, stand der Mönch auf. Innerhalb von drei Tagen fertigte er den außergewöhnlichsten Schrank, den je ein Mensch gesehen hatte. Der Kaiser war so zufrieden und neugierig, dass er den Mönch zu sich kommen ließ und ihn fragte, was er während der fünf Tage vor dem Beginn seiner Arbeit gemacht hatte.

Der Mönch antwortete: »Den ganzen ersten Tag verbrachte ich damit, jeden Gedanken an Versagen, an Furcht, an Bestrafung, falls meine Arbeit dem Kaiser missfallen sollte, loszulassen. Den ganzen zweiten Tag verbrachte ich damit, jeden Gedanken an Unangemessenheit und jeden Glauben, dass mir die Fertigkeiten fehlen würden, einen dem Kaiser würdigen Schrank zu fertigen, loszulassen. Den ganzen dritten Tag verbrachte ich damit, jede Hoffnung und jedes Verlangen nach Ruhm, Glanz und Belohnung, falls ich einen Schrank fertigen sollte, der dem Kaiser gefallen würde, loszulassen. Den ganzen vierten Tag verbrachte ich damit, den Stolz, der in mir wachsen könnte, falls ich in meiner Arbeit erfolgreich sein sollte und das Lob des Kaisers empfangen würde, loszulassen. Und den ganzen fünften Tag verbrachte ich damit, im Geist die klare Vorstellung dieses Schrankes zu betrachten, in der Gewissheit, dass sogar ein Kaiser ihn sich wünschte, so, wie er jetzt vor Ihnen steht.«

Es ist unumgänglich, sich selbst immer wieder zu prüfen, wenn man erfolgreich sein will. Die folgenden Fragen können dazu Anstoß geben:

- Fühlen Sie sich nach vielen Jahren im gleichen Job abgestumpft?
- Leiden Sie unter einem negativen Team?
- Können Sie sich nicht mit der Philosophie Ihres Unternehmens identifizieren?
- Sind Sie es müde, immer 150 Prozent geben zu müssen, weil andere falsche Entscheidungen treffen?
- Setzen Sie sich selbst unter den Druck, dauernd 150 Prozent geben zu müssen?
- Sind Sie von einem Kollegen oder von Ihrem Chef enttäuscht und vertrauen keinem mehr?
- Halten Sie sich für besser als alle, die mit Ihnen zusammenarbeiten?
- Fühlen Sie sich nicht genug wertgeschätzt?
- Haben Sie Angst vor der Willkür Ihres Arbeitgebers oder davor, Ihren Job zu verlieren?
- Liegen Ihre Potenziale brach, weil Sie meinen, Ihr Können nicht unter Beweis stellen zu dürfen?
- Behindern Selbstzweifel Ihre Kreativität und Schaffenskraft?

- Langweilen Sie sich bei dem, was Sie tun? Oder stehen Sie zu Ihrer Arbeit wie der Meisterhandwerker?

Die Shaolin sehen in der Anhaftung eine der Hauptursachen von jeglichem Leid. Auf der Suche nach Sicherheit und Glück neigen viele Menschen dazu, sich an allen möglichen Sachen oder Umständen festzuhalten, ob sie ihnen guttun oder nicht:

- Erwartungen, die wir in uns und in andere Menschen setzen, etwa Anerkennung vom Vorgesetzten oder Verständnis vom Mitarbeiter.
- Ängste oder Sorgen, die wir uns um andere oder um die eigene Existenz machen.
- Falsche Vorstellungen, die wir von uns selbst haben, wie etwa: »Ein erfolgreicher Unternehmer hat keine Zeit für einen Morgengruß an seine Mitarbeiter.« Oder: »Ein erfolgreicher Chef muss immer das letzte Wort haben.« Oder: »Ein erfolgreicher Manager geht vor dem 14-Stunden-Arbeitstag bereits um 6 Uhr eine Stunde joggen.«
- Enttäuschungen, Ärger oder Wut über das Verhalten unserer Mitmenschen.
- Regeln, die wir meinen, starr befolgen zu müssen.
- Materielle und emotionale Anhängigkeiten, die eher andere beeindrucken sollen, als dass sie uns selbst befriedigen würden.
- Erinnerungen an Zeiten, die angenehmer oder erfolgreicher waren als die Gegenwart.

Ein ungesundes Verhältnis zu solchen inneren und äußeren Anhaftungen – also um keinen Preis loslassen zu wollen, woran man festhält – erzeugt Stress und auf Dauer Leid. Wer das

Richtige geben will, muss zwangsläufig etwas loslassen. Sonst gibt er ständig alles. Dann sind Überbelastung und Quälerei vorprogrammiert.

Damit wir uns richtig verstehen: Es geht nicht darum, alles loszulassen, was Ihnen etwas bedeutet, sondern bewusst und weise auszuwählen, woran Sie unnötigerweise festhalten. Da Sie riskieren zu leiden, sollten Sie sich genau überlegen, wofür sich das lohnt. Die Liebe und die Erfüllung, die Sie in Ihren Kindern finden, rechtfertigt alle möglichen Anhaftungen, die damit verbunden sein mögen. Die Sehnsucht nach materiellen Dingen oder die ständige Sorge bzw. die Angst, diese zu verlieren, mag das Leid vielleicht nicht immer wert sein.

Praxis: Loslassen in fünf Tagen

Machen Sie es wie der Meisterhandwerker. Nehmen Sie sich fünf Tage Zeit, um über die größten Stressoren in Ihrem Leben nachzudenken. Was hindert Sie daran, das Richtige bzw. Ihr Bestes zu geben? Woran haften Sie? Finden Sie die Verursacher heraus und lassen Sie los, was Ihnen nicht guttut. Zum Loslassen selbst kommen wir dann später.

Tag	Welche Verhaltensweisen, Menschen, Dinge oder Lebensgewohnheiten stressen Sie?	Was wollen Sie loslassen, damit dieser Stress abnimmt oder sogar aufhört?
1		
2		
3		
4		
5		

Wer loslassen will, sollte sich zudem vorher genau überlegen, was er aufgibt. Sonst ist nach dem Loslassen vor dem Loslassen. **Messen Sie Ihre Sehnsüchte daran, was Sie zurücklassen müssen, um sie zu verwirklichen.** Was ist damit gemeint? Manche Menschen lassen los, weil sie nach etwas anderem, in ihren Augen Besserem greifen wollen, nur um nach einer Weile festzustellen, dass Sie das Falsche losgelassen oder nicht nach dem Richtigen gegriffen haben. Wenn Sie wegen eines besseren Gehalts Ihren Job kündigen, sollten Sie genau prüfen, ob die neue Aufgabe Sie in gleichem oder höherem Maße erfüllt wie die bisherige. Gilt Ihre Sehnsucht der neuen Aufgabe oder dem Geld? Suchen Sie Erfüllung, wird Sie das Geld auf Dauer vielleicht nicht glücklich machen. Suchen Sie mehr Geld, zahlen Sie dafür möglicherweise den Preis eines zusätzlichen Energieaufwandes, weil Sie manches nicht mögen werden.

Was kostet Sie mehr Energie: festhalten oder loslassen? Und was geben Sie auf, wenn Sie etwas loslassen: Geld, Prestige, Image, Täuschungen und Illusionen, Bequemlichkeit, Sicherheit, Ruhe, Liebe?

Loslassen bedeutet wie schon gesagt nicht, lieb gewonnene Dinge oder hochgesteckte Ziele aufzugeben. Das Gegenteil ist der Fall! Sie können schöne Dinge kaufen und genießen sowie Ihre Ziele verfolgen – solange Sie sich darüber im Klaren sind, dass all das Ihr Leben bereichert, der mögliche Verlust aber nicht über Ihr Wohlergehen und Ihre Lebensfreude entscheidet.

Auf Gedeih und Verderb festhalten zu wollen, zeigt immer einen Mangel an: Dann hungern wir nach etwas im Außen, was wir uns im Inneren nicht geben. Diese Form von Selbstignoranz führt zu sinnlosem Festklammern an Dinge, die nur kurzfristig glücklich machen. **Festhalten ist eine Illusion, die darin besteht, dass wir vermeintlichen Sehnsüchten hinterher- und Unsicherheiten und Ängsten davonlaufen.**

Praxis: Inventur machen

Wer loslassen will, muss die hinderlichen oder einschränkenden Denk- und Handlungsmuster verlassen. Sie können diese eingefahrenen Muster in sechs Schritten erfassen und »ausmisten«:

1. Sehen Sie das, was Sie festhalten, als das, was es ist. Und zwar, ohne sich selbst etwas vorzumachen: Alles ist gut, wenn Sie es als das anerkennen, was es wirklich ist. Und nicht als das, was Sie gern hätten oder eben nicht. Klarheit entnebelt Täuschung und lässt Sie im Profanen das Heilige erkennen.
2. Hinterfragen Sie die Anstrengungen: Wie viel Energie kostet es Sie, an etwas festzuhalten, das Sie stresst? Wie viel Energie würden Sie beim Loslassen freisetzen? Warum halten Sie im Falle eines Energieverlustes dennoch fest?
3. Formulieren Sie Ihre Sehnsucht: Was ändert sich zum Positiven, wenn Sie loslassen? Wichtig: Probieren Sie das Loslassen zunächst an einem kleineren Thema aus, um herauszufinden, wie Sie als »Loslasser« reagieren. Lassen Sie zum Beispiel die Überzeugung los, alles richtig machen zu wollen.
4. Prüfen Sie achtsam, wofür Sie sich anstrengen: Warum halten Sie an etwas fest? Was gibt Ihnen die Sache, die Sie festhalten? Womit müssen Sie sich nicht konfrontieren, weil Sie beschäftigt sind?
5. Hinterfragen und prüfen Sie sich so lange, bis Sie das Thema in seiner Gesamtheit mit all den positiven und negativen Aspekten erkennen.

6. Bitte beherzigen Sie dabei immer: Es ist menschlich, an etwas anzuhaften. Wichtig ist nur, dass man weiß, woran man anhaftet und warum.

Die Gefühlsklasse wechseln

Auf dem Weg zum Kloster kamen zwei Shaolin-Mönche an einem Fluss vorbei. Dort wartete eine wunderschöne Frau, der die Angst ins Gesicht geschrieben stand, denn das Wasser war ziemlich hoch, aber sie musste auf die andere Seite. Hilfe suchend blickte sie die Mönche an. Einer der beiden ging auf sie zu und bot ihr an, sie ans andere Ufer zu tragen. Nachdem sie ihr Einverständnis gegeben hatte, hob er sie hoch und trug sie trockenen Gewandes durchs Wasser. Auf der anderen Seite angekommen, setzte er sie wieder ab, verneigte sich und machte sich mit seinem Begleiter still auf den Heimweg. Ein paar Stunden später brach der andere Mönch das Schweigen und sagte: »Du weißt doch genau, dass wir Frauen weder ansprechen noch anfassen dürfen. Was hast du nur getan?«

Der hilfsbereite Mönch hörte sich die kritischen Worte an und entgegnete ruhig: »Ich habe die Frau vor Stunden am anderen Ufer des Flusses abgesetzt. Du trägst sie immer noch.«

Der Mönch, der die Frau über Stunden im Kopf trägt, leidet, weil er am Bild des Regelverstoßes kleben bleibt. So wie er schleppen viele Menschen belastende Bilder mit sich herum, die ihren Alltag – beruflich wie auch privat – erschweren, weil sie nicht loslassen können.

Wie gehen Sie damit um, wenn Sie beispielsweise mit einer neuen, komplexen Aufgabe oder einer schwierigen Herausforderung konfrontiert werden? Neigen Sie dazu, sich aus Unsicherheit oder Angst bereits an den Pranger zu stellen, bevor Sie den ersten Handgriff getan haben? Oder stehen Sie schon auf dem Siegertreppchen, noch ehe der erste Schritt getan ist? Wie verhalten Sie sich in Konfliktsituationen? Gehen Sie schnell in den Widerstand? Oder geben Sie Ihrem Gegenüber die Schuld? In beiden Fällen richten Sie es sich gleichermaßen bequem in der gewohnten Bildergalerie Ihres Gehirns ein, die lediglich Negatives ausstellt.

Unser Gehirn verarbeitet und speichert alle Erlebnisse – gute wie schlechte – über Bilder und verknüpft damit Gefühle. Die meisten Menschen machen sich das nur leider nicht bewusst. Sie wissen nicht, dass ihr Gehirn automatisch das Naheliegende und Gewohnte denkt und die Bilder dazu in einer bestimmten Art und Weise abspeichert. Dabei ist es dem Gehirn egal, wie wir uns fühlen. Hauptsache: Gewohnheit! Die Bilder in unserem Kopf entsprechen also nicht der Realität, sondern nur unserer Interpretation davon. Aufgrund unserer Erfahrungen filtern wir aus dem Erlebten heraus, was uns bekannt vorkommt – und erleben deshalb auch immer wieder das Gleiche. Das ist gut, wenn Sie sich dabei wohlfühlen. Und schlecht, wenn es Sie in Ihrem Leben und in Ihrer Arbeit beeinträchtigt und unflexibel macht.

Sie können diese Bilder im Kopf aber loswerden, indem Sie sich zum Chef Ihrer Gedanken machen und die Führung übernehmen. Entlassen Sie in dieser Funktion die hinderlichen Bilder und stellen Sie neue ein. Wollen Sie andere Ergebnisse erzielen als die gewohnten oder sich besser fühlen, lohnt es sich, die »Mannschaft in Ihrem Kopf« auszuwechseln.

Praxis: Kick it – die Loslassübung

Eine unangenehme Erinnerung belastet Sie und hindert Sie daran, Ihr Bestes zu geben? Dann machen Sie Gedanken-Kung-Fu und kicken Sie das belastende Bild in Ihrem Kopf einfach weg. Diese Übung können Sie für sämtliche mentalen Belastungen anwenden, sobald es Ihnen möglich ist, das Problem zu visualisieren.

1. Ziehen Sie sich an einen ruhigen Ort zurück, schließen Sie die Augen und erinnern Sie sich an einen Menschen, der Sie beispielsweise verärgert oder verletzt hat. Das Gesicht taucht als Bild vor Ihrem inneren Auge auf – und wird von einem Gefühl begleitet. Je näher, bewegter und schärfer das Bild ist, je stärker die Farben sind, desto intensiver ist dieses Gefühl. Das ist gut bei schönen Bildern, weil sie uns erbauen. Das ist schlecht bei negativen Bildern, weil sie uns im wahrsten Sinne des Wortes im Weg stehen.
2. Stellen Sie sich nun hin, die Füße schulterbreit auseinander. Ziehen Sie ein Knie an und kicken Sie das Bild in Ihrer Vorstellung mit einem Fußtritt in die Luft nach vorn weg – mindestens vier Meter weit. Lassen Sie das Bild mit jedem Zentimeter, den es wegfliegt, schrumpfen und verblassen. Kommt das Bild zurück, weil es sehr starke Emotionen in Ihnen hervorruft, kicken Sie es ruhig mehrmals und mit mehr Kraft weg.
3. Wie fühlt es sich an, wenn Sie jetzt an den Menschen oder an die Situation denken? Der Kick verändert die emotionale Wirkung des Bildes in Ihrer Erinnerung. Jetzt sind Sie der Chef über Ihre Gedanken und Ge-

fühle. Wenn Sie der Person das nächste Mal begegnen, werden Sie sich an den positiven Shaolin-Effekt erinnern, ein weniger unangenehmes Gefühl haben und dadurch souveräner auftreten.

Erleben statt bewerten

Die meisten Menschen sind so strukturiert, dass sie in Gedanken ständig bewerten. Sie erzeugen damit eine Anhaftung, die ihre innere und äußere Freiheit sowie ihre Erlebnismöglichkeiten einschränkt. Nicht-loslassen-Können hat einen Preis: Da Festhalten anstrengend ist, erzeugt es eine körperliche Anspannung. Zudem vermindert es Ihre geistige Flexibilität und reduziert schlussendlich Ihre Performance. Bevor ein Vogel fliegen kann, muss er den Ast loslassen, auf dem er sitzt. Es nützt ihm nichts, wild mit den Flügeln zu schlagen, während er mit den Füßen den Ast umklammert. Die sichtbaren oder spürbaren Zeichen von Festhalten sind: Neid, krankhafter Ehrgeiz, Konkurrenzdenken, Aggression, Unruhe, Frustration, Stress, Existenzängste und Ähnliches.

Sind Sie sich der Bilderflut und Gedankenverschmutzung in Ihrem Kopf bewusst? Kennen Sie die Bewertungen, die dahinterstehen? Halten Sie sich mehrheitlich in einer besseren Vergangenheit oder in einer schlechteren Zukunft auf? Dann schauen Sie sich automatisch immer den gleichen Film in Ihrem Kopf an. Die Folge: Nichts Neues passiert. Sie bringen sich um wertvolle Entwicklungschancen und verpassen Ihrer Umgebung ein vorgefertigtes Label, ohne genau hingesehen oder hingehört zu haben. Ein unachtsamer Mensch stumpft ab für Gefühle jeder Art, schlechte wie gute, und verschließt sich Entwicklungsmöglichkeiten. Er gleicht immer mehr einer Maschine, die sich selbst blockiert und dem Leistungsdruck erliegt. Will man sich entladen, muss der Druck ab- bzw. weitergegeben werden.

Achtsam zu sein bedeutet, sich des gegenwärtigen Moments, der eigenen Befindlichkeit bewusst zu sein – und zwar auf der Verstandes- sowie auf der emotionalen Ebene. Es geht darum, alles, was wir tun, in vollem Bewusstsein auszuführen. Nur so lässt sich die Kluft zwischen dem, was wir denken, und dem, was wir erfahren, überbrücken. Wichtig: Sie müssen nicht unbedingt aufhören zu werten und zu beurteilen, Hauptsache, Sie sind sich dessen bewusst. Verurteilen Sie sich bitte nicht für das Urteilen. Denn das macht auch schon wieder Druck.

Die gute Nachricht: Wer loslässt, befreit sich von diesem äußeren und inneren Druck und findet zu beruflicher und persönlicher Erfüllung. Die schlechte Nachricht: Festhalten ist leichter als Loslassen.

Die Shaolin befreien sich von diesem Druck mit einer offenen, vorbehaltlosen und unbelasteten Geisteshaltung. Diesen Zustand nennen Sie den »Beginners Mind«, was sich mit »Anfängergeist« übersetzen lässt.

Vielleicht denken Sie jetzt: »Ja, aber ich will doch kein Anfänger sein«, weil Sie den Begriff mit Laie, Dilettant, Lehrling oder Grünschnabel gleichsetzen. Das ist eine ganz natürliche Reaktion, denn unser analytisch-kritischer Verstand ist auf ein »Ja, aber«-Denken trainiert, um im Vorfeld alle Risiken und potenziellen Probleme abzuschätzen. Dieser Analysemodus hat viele Vorteile, ist aber hinderlich, wenn es darum geht, offen für Neues und für Veränderungsprozesse zu sein. Und genau an diesem Punkt kommt der Beginner-Modus zum Einsatz: Wenn Ihr Kopf leer ist, ist er aufmerksam und bereit für alles. Der Beginner sieht vor allem die Möglichkeiten und fokussiert sich auf die Chancen und Erfahrungen, die sich gerade bieten. Seine Offenheit, Neugierde und Freude schaffen ein positives Fundament. Er hat Charisma, weil er offen, neugierig, ohne Vorbehalte, authentisch und mit seinem Herzen verbunden ist. Wer glaubt, er sei ein Experte, neigt dazu, eher die Limitierungen von Projekten wahrzunehmen, weil er bereits über die Stolpersteine und Ergebnisse nachdenkt, bevor er sich an die Arbeit macht. Das sorgt für eine negative Haltung und führt zu Verspannung.

Im Beginner-Modus kommen Sie vom Denken ins Handeln. Sie fühlen sich frei und lebendig, weil Sie keine Vorbehalte haben, und engagieren sich für die Sache, die Sie beschäftigt, sodass die Resultate natürlich und unverkrampft erfolgen.

Praxis: Einfach anfangen

Wecken Sie Ihren Beginners Mind jeden Morgen und auch in Situationen, in denen Sie zu einer »Ja, aber«-Reaktion neigen, mit der folgenden Frage:

Was gibt es heute zu entdecken?

Sie können diese Frage auch Ihren Kollegen und Mitarbeitern stellen, um das Team für neue Perspektiven und Lösungsansätze zu öffnen.

Wenn Sie das Gefühl haben, beruflich festzustecken, wenn Sie glauben, abgeschoben zu werden oder nicht mehr dazuzugehören, dann ist der Beginners Mind ein Weg aus dem Engpass.

Jedes Change-Management braucht diesen Modus. Denn der Beginner verwertet Informationen und Impulse, der Bedenkenträger bewertet sie. Beides hat seine Berechtigung, aber alles zu seiner Zeit. Der offene und angeregte Zustand des Beginners Mind kommuniziert eine frische und zukunftsweisende Energie, die andere, zum Beispiel Bedenkenträger, mitreißen kann.

Praxis: Probleme lösen im Beginners Mind

Schreiben Sie fünf Probleme auf, die Sie so stark beschäftigen, dass Sie sie nicht loslassen können. Anschließend befragen Sie Ihren Beginners Mind, was er an Ihrer Stelle täte:

Altes Problem des Experten	Innovative Lösung des Beginners

Den Zustand des Beginners Mind zu halten, ist gar nicht so einfach. Denn unser Verstand, der Chef, will immer wieder zurück zu dem, was er kennt und gewohnt ist. Je erfahrener Sie in Ihrer Arbeit sind, desto mehr lohnt es sich zu üben, aus vorgefertigten Denkmustern auszusteigen und wieder ein Beginner zu sein. **Der Beginners Mind will nichts erreichen, sondern erleben.** Wenn Sie Ihren Expertenstatus loslassen, fühlt sich das Leben leichter und entspannter an – gerade in komplexen Situationen.

Sie entscheiden alles, ob Ihnen das bewusst ist oder nicht. Nutzen Sie bewusstes Nicht-Tun und Nicht-Einmischen als Erfolgsinstrument, um Ihre Ziele zu erreichen. Und lassen Sie Nicht-Relevantes, Überflüssiges und Belastendes ziehen.

GELASSENHEIT

Ärgern Sie sich nicht über alles,
nicht mal über das Richtige

»Soso« – das Ende der Mühe

Ein Meister wurde von seinen Nachbarn als einer, der ein reines Leben führte, gepriesen. Ein schönes Mädchen, dessen Eltern ein Lebensmittelgeschäft besaßen, wohnte in seiner Nähe. Da entdeckten die Eltern plötzlich, dass sie schwanger war, was sie sehr böse machte.

Das Mädchen wollte nicht gestehen, wer der Vater war, aber nach langem Drängen nannte sie schließlich den Meister. In großem Ärger gingen die Eltern zu ihm und stellten ihn zur Rede.

»Soso«, war alles, was er zu sagen hatte.

Nachdem das Kind geboren war, brachte man es zu dem Meister. Er hatte seinen guten Ruf verloren, was ihm jedoch keine Sorgen machte, und er kümmerte sich in bester Weise um das Kind. Von seinen anderen Nachbarn erhielt er Milch und alles andere, was das Kleine benötigte.

Ein Jahr später konnte die junge Mutter es nicht länger aushalten. Sie erzählte ihren Eltern die Wahrheit, dass der echte Vater ein junger Mann sei, der auf dem Fischmarkt arbeitete. Die Mutter und der Vater des Mädchens gingen wieder zum Meister und baten ihn um Verzeihung; sie entschuldigten sich des Langen und Breiten und wollten das Kind wieder mitnehmen. Der Meister war einverstanden.

Während er das Kind übergab, war alles, was er sagte: »Soso.«

Hätten Sie das Baby angenommen? Die meisten Menschen hätten das sicher nicht getan. Der Meister besann sich vermutlich auf die Tugenden und handelte aus einem tiefen – jahrzehntelang gewachsenen – spirituellen Verständnis heraus. Er war nicht nur mit dem Verstand bei der Sache, sondern auch mit ganzem Herzen. Weil er Mitgefühl mit dem Mädchen wie auch mit dem Kind hatte, nahm er die Herausforderung an. Und er wusste, dass ein Kind am besten unter der Fürsorge seiner leiblichen Eltern gedeiht. Deshalb ließ er am Ende der Geschichte wieder los, auch wenn es schmerzhaft für ihn gewesen sein mag.

Gelassenheit macht souverän. Wenn Sie bei einer richtig kniffeligen Angelegenheit gelassen bleiben, hat das für alle Beteiligten etwas Magisches, weil sich in dieser Angstfreiheit der wahre Meister zeigt.

Es gibt keine Anleitung, um gelassener zu werden. Sie können auch nicht mit dem Verstand danach streben. Echte Gelassenheit stellt sich nämlich dann ein, wenn man losgelassen hat. »Soso« bringt die damit verbundene Erleichterung zum Ausdruck.

Ein Meister tut, was er tut, weil es ihm Erfüllung bringt, und nicht, weil er eine Belohnung dafür erhält oder die Erwartungen anderer befriedigt. Nicht weil er auf Sicherheit wert legt, sondern weil er etwas bewegen will. Er will der Beste werden, der er sein kann – und gibt mit einem Lächeln sein Bestes dafür. Er selbst ist der Maßstab seines Handelns und tut mit heiterer Gelassenheit, was die jeweilige Situation verlangt. Der Gelassene findet Lösungen für Probleme, die er noch gar nicht hat.

Das Beste zu geben lässt sich auch auf die Qualitäten einer Führungskraft übertragen: Wer sich selbst und seine Mitarbeiter ständig über- oder unterfordert, erzeugt Angst, Frust oder Langeweile und zerstört damit jeglichen Raum für kreative Innovationen und nachhaltigen Erfolg. Eine solche Haltung schädigt ein Unternehmen mittel- bis langfristig. Gibt ein Leader hingegen sein Bestes, fühlt sich sein Führungsjob nicht mehr wie eine Sisyphosarbeit an, weil er tagtäglich und immer wieder aufs Neue das eigene Potenzial ausschöpft. Er ist im Beginners Mind, der von Offenheit, Neugier und Lern- bzw. Entwicklungsbereitschaft geprägt und frei von Vorurteilen ist. Denn der Anfänger sieht viele Möglichkeiten, vor denen ein Experte die Augen verschließt. Das funktioniert aber nur, wenn man eigene statt fremde Ziele verfolgt. Die Devise lautet: Leben Sie, was Sie sind, und nicht das, was Sie sein sollen oder meinen, sein zu müssen.

Aufgrund von Ehrgeiz, Neid, Erwartungsdruck, Aggression oder Konsumzwang arbeiten Führungskräfte oft unter ihrem wahren Potenzial. Da sie aus dem defizitären Bereich heraus agieren, sind sie zwar leistungsfähig, aber nicht zufrieden. Der Shaolin-Manager entscheidet sich ganz bewusst und engagiert dafür, ab jetzt sein Bestes zu geben – jeden Tag ein bisschen mehr! Und das Gute daran ist, dass das Beste immer das Richtige ist!

Wofür entscheiden Sie sich? Ihren eigenen Erwartungen oder denen anderer zu entsprechen? Oder dafür, die beste Version Ihrer selbst zu werden? Die beste Version bedeutet: **Geben Sie *Ihr* Bestes und nicht *das* Beste.**

Praxis: Meisterfrage

Schließen Sie ab heute jeden Tag mit der ehrlichen Antwort auf die folgende Frage ab:

Was habe ich heute getan, um besser zu werden?

Über die Kunst, nicht einzugreifen

Gelassenheit hat eine Energie, die besonders gut spürbar ist, wenn man neben einem Menschen steht, der eine tiefe innere Ruhe und Souveränität ausstrahlt. Dann befinden Sie sich in einem Kraftfeld, dem Sie sich kaum entziehen können. Sie fühlen sich automatisch stärker, motivierter und ruhiger. Die Zeit, die man mit einem gelassenen Menschen verbringt, könnte endlos dauern – und wäre nicht umsonst. Es ist seine Präsenz, seine Aufrichtigkeit, Authentizität und Aufmerksamkeit, die diese Wirkung erzeugt. Man will auf einen solchen Menschen hören, weil jedes seiner Worte Gewicht und Wert hat. So jemandem folgt man gern. Weil ein solcher Mensch ans Ziel gelangt und dabei ausstrahlt, dass er sich nicht dafür anstrengen oder kämpfen muss. Wie erreicht man eine solche beneidenswerte Gelassenheit?

Es gibt dafür eine einfache Formel mit großem Effekt: *Wu Wei*, was so viel bedeutet wie »Handeln durch Nicht-Handeln« bzw. »Nicht-Eingreifen«. Wu Wei ist ein Konzept, das ursprünglich aus dem Taoismus stammt, der Teil der Shaolin-Kultur ist, die sich aus Buddhismus, Taoismus und Konfuzianismus zusammensetzt und zum Chan, dem Vorläufer des Zen, entwickelte.

Nicht-Handeln bedeutet nicht etwa, nichts zu tun, sondern lediglich zuzulassen, dass die Dinge auf natürliche Art und Weise geschehen. Diese Haltung macht den Unterschied, auf den es ankommt: Sie handeln nicht, weil Sie das Gefühl haben: »Ich sollte dies oder jenes tun.« Sondern Sie tun oder lassen absichtslos, was in dem Moment angezeigt ist. Dieser fast unmerkliche Haltungswechsel bewirkt Merkliches.

Der Edle tut es ohne Absicht.

Laotse, Tao Te King

Wu Wei kann man nicht wie Vokabeln lernen oder es sich und anderen verordnen. Sie können Wu Wei nur leben, indem Sie das Konzept, nach dem impulsives Handeln nicht immer der Königsweg ist, verstehen und annehmen. Mit dieser unbelasteten Haltung gelingt es Ihnen, sich auf das zu fokussieren, was gerade wichtig ist.

Wer Wu Wei im Alltag praktiziert, findet zu einem mühelosen und damit stressfreien Handeln. Mühelos heißt nicht »frei von Anstrengung«, sondern »frei von Mühe oder auch von Kampf und Leid«, denn die Letzteren stellen sich oft ein, sobald wir impulsiv oder im Affekt handeln.

Wer Wu Wei praktiziert, wird auf seinem Sterbebett nicht resümieren: »Ich habe mich mein ganzes Leben lang abgemüht.« Denn Anstrengung und Leistung sind dann ein selbstverständlicher Teil des Lebens – sie sind frei von negativen Bewertungen und verlieren den Charakter von Mühe. Sein Tun wird dann so selbstverständlich wie Atmen, Essen, Trinken, Schlafen, Anziehen.

Es mag von außen so aussehen, als würde sich ein Shaolin-Schüler in einem harten Training abmühen und verausgaben. Doch auch wenn er noch so schwitzt und alle Herausforderungen und Anstrengungen erträgt, tut er das ohne Gedanken des Zorns und ohne innere Kämpfe – er übt sich in Wu Wei und tut, was er tun muss, mit Gelassenheit.

Wu Wei ist eine Art kreative Stille – in der wir uns sammeln, um auf natürliche Weise das Richtige zu tun. In seiner vollendeten Form ist Wu Wei wahre Meisterschaft, denn dann gibt es weder Unentschiedenheit noch Entscheidungen, die getroffen werden müssen. Und doch ist das Ergebnis perfekt und erforderte keinen Kampf.

Wu Wei im Business heißt also nicht, sich desinteressiert oder faul zurückzulehnen. Im Gegenteil: Sie sind mit zehn Steinen bei der Sache (siehe Zehn-Steine-Übung Seite 35 f.) und entscheiden achtsam, ruhig und entspannt, was gerade richtig ist. Wenn Sie handeln oder eben nicht, tun Sie das absichtslos, also ohne von persönlichen Impulsen getrieben zu sein – und im Sinne aller. Nicht-Handeln ist absichtsloses, intuitives Tun oder Lassen und damit frei von Vorurteilen, Bewertungen und inneren Widerständen.

Wu Wei nährt sich vom Mitgefühl für Schwächen – für die eigenen wie für die anderer Menschen –, aber nicht vom Mitleid. Denn Mitleid erhöht den Mitleidenden und schwächt den Leidenden. Mitgefühl hingegen resultiert aus gesundem Selbst-Bewusstsein und nährt sich nicht aus einem Mangel oder Komplex.

Der Zustand des Wu Wei wird im Taoismus oft mit Wasser verglichen, das weich und nachgiebig ist und doch mit Leichtigkeit die größten Steine aushöhlen kann. Wasser hat selbst keine Form und kann doch jede Form annehmen. »Don't push the river, it flows by itself«, schrieb der Psychiater Fritz Perls und drückt damit den leichten und fließenden Zustand des Wu Wei mit einem wunderbaren Bild aus. Warum in den Strom (des Lebens) eingreifen, wenn er doch von selber fließt?

Der Zustand des Wu Wei lässt sich gut mit dem Gefühl beschreiben, wenn Sie morgens aufwachen. Für ein paar Sekunden ist die Welt vollkommen. Weil Sie noch frei von belastenden Gedanken sind und die Aktivitäten des Tages noch nicht begonnen haben, zählt in diesem Augenblick weder die Vergangenheit noch die Zukunft, sondern nur der Moment. Dann sind Sie ganz nah bei sich.

Praxis: Sich zurücklehnen

Sie können den Autopiloten in ärgerlichen Situationen, in denen Sie impulsgesteuert und heftig reagieren möchten, auf zwei Arten ausschalten:

1. **Soforthilfe:** Lehnen Sie sich in der Situation, die Sie stresst oder ärgert, erst einmal gedanklich oder tatsächlich zurück und tun Sie nichts. Atmen Sie die schlechte Energie aus und nehmen Sie frischen Sauerstoff auf. Wenn Sie ruhiger geworden sind, fragen Sie sich:

Was würde Positives geschehen, wenn ich nicht handle oder nicht eingreife?

Wollen Sie wirklich noch nach außen sichtbar handeln? Oder ist Wu Wei, also der innere Dialog und die innere Begleitung des Geschehens, die bessere Lösung?

2. Meisterreaktion: Lehnen Sie sich in der kritischen Situation erst einmal gedanklich oder tatsächlich zurück und tun Sie nichts. In dieser Pause trennen Sie sich bewusst von Ihrem Problem, indem Sie aufhören, sich damit zu identifizieren. Sie sind nicht dieses Problem! Sie sind der Meister und haben es in der Hand zu entscheiden, was Sie damit machen! Mit diesem Bewusstsein können Sie das störende Ereignis von Ihrer impulsiven Reaktion lösen und das Gefühl hinter dem Impuls wahrnehmen: Sie erkennen, ob Sie eine Bemerkung Ihres Kollegen während einer Auseinandersetzung ärgert, provoziert, frustriert, verunsichert, verletzt oder blamiert. Mit dieser Distanz gelingt es Ihnen, die Motivation hinter Ihren Impulsen aufzudecken: Wollen Sie um jeden Preis gewinnen? Zurückschießen? Oder dem anderen etwas heimzahlen? Sich selbst leidtun? Oder möchten Sie aus Achtung vor sich selbst und Ihrem Gegenüber eine konstruktive Lösung des Konfliktes herbeiführen?

Dieses achtsame Bewusstsein während der Pause des Zurücklehnens stellt eine Verbindung zu Ihren wahren Zielen her. Dann können Sie sogar die kritischsten Situationen mit Mitgefühl betrachten, weil Sie Ihr Gegenüber in seiner Hilflosigkeit erkennen. Sie wissen wieder, wofür es sich zu kämpfen lohnt und nicht wogegen. Und Sie können mit allen Situationen umgehen. Das ist die Meisterschaft von Wu Wei.

Das Prinzip der Nachahmung

Als Erwachsene glauben wir häufig, von anderen nichts mehr lernen zu können. Dabei heißt Leben lernen.

Am besten lernen Sie von jemandem, der eine bessere Strategie zur Verfügung hat als Sie, von jemandem, der schneller ans Ziel kommt als Sie oder leichter Probleme löst. Im einfachsten Fall geht es darum, nachzumachen bzw. zu übernehmen, was man bei einem Vorbild sieht, hört oder spürt.

Ein Meister ist gelassen und hat eine wohlwollend-kritische Art, über sich selbst und andere nachzudenken. Er will dazu beitragen, die Welt zu einem besseren, erfolgreicheren und freudvolleren Ort zu machen. Und auch er lernt unentwegt weiter.

Schauen Sie nicht von allen ab, sondern von den Richtigen. Lernen Sie von den Besten und machen Sie sich deren Fähigkeiten zunutze. Die Shaolin tun das genauso: Sie beobachten die Fähigkeiten ihres Meisters, befragen ihn und machen nach, was er besonders gut kann. Und sie arbeiten kontinuierlich, geduldig und hart daran, die beste Version ihrer selbst zu werden. Das ist Kung-Fu.

Wer kann Ihr Meister sein, wenn es darum geht, Ihre Persönlichkeit zu vervollkommnen?

Praxis: Vom Meister lernen

Mit der folgenden Übung lernen Sie, wie ein großer Meister zu denken, zu fühlen und zu handeln. Sie beruht auf der Erkenntnis, dass wir durch das Studium eines anderen Menschen wie auch durch Nachahmung seiner Verhaltensweisen lernen und uns verbessern können – so wie Kinder gern alles nachmachen, was sie bei ihren Eltern sehen. Sie haben die Wahl und können sich das Beste von den Besten abschauen.

Wer verhält sich in Ihrer Umgebung wie ein großer Meister? Wer kann auf hohem Niveau das, worin Sie ebenfalls Meisterschaft erlangen möchten? Suchen Sie sich ein Modell und lernen Sie in vier Schritten.

1. Was genau gefällt Ihnen an Ihrem Modell: Was tut die Person? Wo tut sie es? Wie macht sie das? Was denkt sie dabei? Was sagt sie? Mit wem umgibt sie sich? Warum macht sie das? Kurz: Was ist anders als das, was Sie in der gleichen Situation tun? Beobachten Sie die Person ganz genau bei ihrer Tätigkeit und befragen Sie sie im Idealfall.
2. Was müssen Sie loslassen bzw. verändern, um die Verhaltensweisen Ihres Modells in Ihre Persönlichkeit zu integrieren: Ängste? Faulheit? Peinlichkeit? Sorgen? Vorurteile? Perfektionismus? Gewohnheiten? Hinterfragen Sie die Motive Ihres bisherigen Tuns.
3. Was gewinnen Sie mit den neu integrierten Persönlichkeitsanteilen: Souveränität? Selbstbewusstsein? Standhaftigkeit? Erfolg? Struktur? Anerkennung? Größe? Zufriedenheit? Stellen Sie sich vor, Sie wären die

andere Person, und agieren Sie in ihrer Kompetenz. Wie fühlt sich das an?
4. Integrieren Sie nun die nachgeahmten Qualitäten in Ihre Persönlichkeit und üben Sie sich täglich darin. Sie werden sehen, wie sich komplexe Themen leichter lösen lassen. Disziplin hilft, weil Sie wissen, dass es sich lohnt! Sie können von jedem und allem lernen.

Was unterscheidet die herausragenden Menschen von der Mehrheit? Was macht sie so besonders? Es ist die Fähigkeit, getreu ihrer Tugenden und Überzeugungen zu handeln – unabhängig von gesellschaftlichen Erwartungen oder limitierenden Gedanken und Regeln.

Alle großen Philosophen, Erfinder, Wissenschaftler, Erneuerer, Leader – kurz: alle »Veränderer« – folgten in irgendeiner Weise diesem Mantra von Tugenden und Überzeugungen. Nur damit können Sie den Verstand *und* das Herz der Menschen gewinnen. Denn nur damit lassen sie sich inspirieren und motivieren – das gilt in kleinen und großen Unternehmen genauso wie in jedem anderen Kontext, wo Menschen miteinander zu tun haben.

Der irische Dichter Oscar Wilde hat einmal gesagt: »Ein Träumer ist ein Mensch, der seinen Weg im Mondlicht findet und die Morgendämmerung vor dem Rest der Welt sieht.« **Nicht wer Täuschungen folgt, kommt voran, sondern wer sich von seinen Tugenden und Überzeugungen leiten lässt.** Die Entlohnung dafür ist, dass er das Morgenlicht – die Erleuchtung – als Erster sieht und so den Weg entdeckt, auf dem ihm andere vielleicht folgen.

Ein wahrer Leader ist anspruchsvoll und doch fürsorglich, charismatisch und unprätentiös, verträumt und handfest, verbindlich durch seine Worte und Taten ebenso wie durch seine Energie und seinen Spirit.

Alles ist möglich, wenn man im Reinen mit sich ist. Wer erkennt, dass er selbst das Problem *und* die Lösung ist, kommt ins Reine mit sich selbst – und gibt automatisch das Richtige. Machen Sie sich auf den Weg, das Richtige zu geben, und gehen Sie jeden Tag nur einen kleinen Schritt weiter auf diesem Weg. Entscheidend ist, dass Sie gehen, denn niemand außer Ihnen kann das tun. Und wohin auch immer Ihr Weg Sie führt: Gehen Sie mit ganzem Herzen!

FÜHRUNG IST SELBST-FÜHRUNG.

Achtsamkeit führt zu richtigen Entscheidungen.

Balance führt zu Gesundheit.

Disziplin führt zu Leistungsvermögen.

Klarheit führt zu Durchsetzungsstärke.

Haltung führt zu Ausstrahlungskraft.

Loslassen führt zu Ergebnissen.

Gelassenheit führt zum Ziel.

Om-Satz bringt Umsatz

In meinem Leben habe ich viele Reisen in aller Herren Länder unternommen, einmal sogar komplett um die ganze Welt. Dabei arbeitete ich ruhelos ein Land nach dem anderen und eine Sehenswürdigkeit nach der anderen ab. Wann immer eine Erinnerung länger bei mir blieb, lag das daran, dass ich in die fremde Kultur wirklich eintauchte, etwa als ich eine Weile mit einer indonesischen Familie lebte oder auf dem Ganges nachts um vier einen Bootsausflug machte, während die Hindus sich am Uferrand körperlich und spirituell reinigten.

Ich dachte immer, der kürzeste Weg zu sich selbst führte um die Welt. Jetzt, wo ich älter bin, merke ich, dass ich nicht unbedingt auf Reisen gehen muss, um etwas zu erleben und zu erfahren. Der kürzeste Weg führt ins Innere, indem man erkennt, wer man ist, und sich erlaubt, so zu sein.

Letzten Endes geht es immer nur um Management und Führung. Es ist nicht das Abhaken von Sehenswürdigkeiten oder Projekten. Es ist die Selbstführung, die uns erkennen lässt, dass ein Fünfsternehotel am Ende des Tages nicht mehr Eindruck hinterlässt als eine Nacht im Shaolin-Kloster auf einer harten Pritsche. Beides ist genauso schön oder auch nicht. Es ist Ihr Inneres, das darüber entscheidet, was Sie weiterbringt und ob Sie etwas mit Freude tun.

Mit diesem Buch habe ich eine weitere Reise unternommen – und diesmal ganz bewusst. Die Shaolin-Strategie mit ihren sieben Kompetenzen ist eine Verdichtung der Erfahrungen aus meiner Arbeit mit der Shaolin-Philosophie im Businesskontext, eine Verdichtung auf die Essenz von Maßnahmen, die Ihre Arbeit und Ihr Leben leichter und freudvoller gestalten können. Und das vom ersten Tag an.

Nachdem ich als Trainerin über 20 Jahre Veränderungsprozesse in Unternehmen begleitet habe, bin ich davon überzeugt, dass Gewinne wichtig sind, damit ein Unternehmen lebensfähig ist. Aber damit das Unternehmen auf Dauer auch lebendig bleibt, muss es den Mitarbeitern ermöglichen, innere Gewinne zu machen. Die Qualität von Arbeit lässt sich nicht allein am Umsatz, also am materiellen Erfolg, messen. Ihre Wirkkraft umfasst so viel mehr, wenn Sie auch den inneren Erfolg miteinbeziehen: Leichtigkeit, Freude, Neugier, Offenheit, Herzlichkeit ... Das ist der Shaolin-Effekt! Er verhindert unnötige Kämpfe und schafft ein Gleichgewicht auf allen Ebenen des Lebens.

Om-Satz bringt Umsatz! Die Silbe Om ist in vielen östlichen Kulturen ein Symbol für das Absolute und die Harmonie. Dieser Laut transportiert die Essenz von Weisheit. Umsatzerwartungen ohne Om-Satz-Versprechen erhöhen den Druck und schaffen Angst und aggressive Energie. Wenn Sie sich auf die hier im Buch vorgestellte innere Reise begeben und die sieben Kompetenzen in sich fördern, dann werden Sie der Beste, der Sie sein können. Dann führt mehr Om-Satz auf Dauer auch zu mehr Umsatz.

Ihre Claudia Maurer

Den Pfirsich schmecken

Chan, die Urform des Zen, die Grundlage der Shaolin, kann weder erklärt noch durch einen Erklärungsversuch verstanden werden. Alles, was klar erklärt werden könnte, ist nicht Chan.
Es ist wie bei einem Pfirsich. Sie müssen ihn tatsächlich essen, um zu fühlen und zu schmecken, was ihn ausmacht. Ob etwas erklärt wird oder nicht, ist gleichgültig. Welche Erklärung auch immer gegeben wird – ohne dass Sie den Pfirsich tatsächlich gekostet haben, können Sie niemals verstehen, wie er schmeckt und wie er sich im Mund anfühlt.
Um die wirkliche Essenz des Chan zu erfahren, um wirklich etwas von den Shaolin, um die es in diesem Buch geht, zu begreifen, müssen Sie die Realität des Chan unmittelbar erleben. Sie müssen probieren, darüber nachdenken, praktizieren, kultivieren … Sie müssen nach Ihrem eigenen Pfirsich suchen und ihn dann auf Ihre Weise erspüren und von ihm kosten.
Alles, was ein Lehrer tun kann, ist, den Weg des Chan zu weisen. Er kann Ihnen nur die Tür öffnen. Durchgehen muss dann jeder Mensch für sich. Jeder muss sich für sich selbst auf die Reise machen.
Wir Shaolin sagen, dass eine Erfahrung, die erklärt worden ist, dadurch immer auch schon ein wenig verfälscht wurde.

Denn die Zuhörer oder Leser bekommen auf diese Weise nicht die Erfahrung selbst, sondern nur Worte, die die Erfahrung beschreiben. Im Chan geht es nicht darum, Sie zum Nachdenken anzuregen, sondern darum, dass Sie achtsam dafür werden, was tatsächlich und ganz real um Sie herum und in Ihnen ist. Das ist viel einfacher, als die meisten meinen, schließlich weist es nur darauf hin, aufmerksam und wach zu sein.

Die heitere Gelassenheit ist bereits in allen von uns vorhanden. Sie ist nur eine Wahl, eine Entscheidung. Machen Sie also kleine Schritte, aber machen Sie diese Schritte. Nur Sie selbst können es tun. Und wohin auch immer Sie gehen, gehen Sie mit Ihrem ganzen Herzen.

Die Wolken ziehen weiter, und so werden die Berge sichtbar.

Amituofo.
Shi Xing Mi

Danksagung

Ich, Claudia Maurer, danke Shi Xing Mi, der die Idee, die Shaolin-Philosophie in die Geschäftswelt zu übertragen, sofort verstanden hat und seit vielen Jahren mit mir zusammenarbeitet. Dieses gemeinsame Tun ist für mich immer auch ein großer persönlicher Gewinn.

Ich möchte meinen Freunden und Geschäftspartnern danken, die das Manuskript im Entstehungsprozess gelesen und mutig kritisiert haben, mein ganz besonderer Dank gilt Edmund Keferstein, Martina Schmidt-Tanger, Julia Schönbohm, Kerstin Pooth und Markus Walch.

Meinen Eltern, die leider nur von ganz weit oben zugeschaut haben und sicher mächtig stolz auf mich wären.

Meinem Mann Matthias, der mich immer unermüdlich unterstützte und der mich auch bei diesem Projekt mit unglaublicher Geduld und Liebe begleitet hat. Auf meinen Sohn Maceo bin ich stolz, er hat die Tugend der Geduld bewiesen und sehr davon profitiert, dass ich während des Schreibens die Lehren des Kapitels »Loslassen« intensiv anzuwenden lernte.

Ich, Shi Xing Mi, danke Claudia für ihre wunderbaren Ideen und ihre schier unendliche Leidenschaft, ohne die dieses Buch und viele andere Projekte schlichtweg nicht existieren würden.

Außerdem danke ich herzlich meinem Vater Miro dafür, dass er mein erster und wichtigster Lehrer war. Meiner Mutter Teresa für ihre liebevolle Unterstützung. Meinem Meister Shi De Yang für seine Unterweisungen. Shi Xing Cang und meinen Shaolin-Brüdern für ihre aufrichtige Freundschaft. Meinen Schülern für ihre Unterstützung und ihre Hingabe. Und vor allem Letitia dafür, dass sie einen großen Teil dieses Shaolin-Weges mit mir geht.

Gemeinsam möchten wir ganz herzlich dem Ariston Verlag danken, der seinem Namen alle Ehre macht – er kommt aus dem Altgriechischen und steht für »das Beste«. Klaus Fricke, Bettina Traub und Dr. Diane Zilliges haben dieses Buch sehr unterstützt und uns ein unvergesslich schönes Feedback geschenkt.

Nicht zuletzt möchten wir auch Ihnen, liebe Leserin, lieber Leser, danken. Dafür, dass Sie sich für unser Thema interessieren und bereit sind, die Weisheit der Shaolin in Ihr modernes Denken zu integrieren. Wir hoffen sehr, dass das eine oder andere unserer Worte zu einem hilfreichen Begleiter auf Ihrem Weg wird.

Amituofo!

CLAUDIA MAURER
COACHING – TRAINING

Für Unternehmen und Menschen, die wachsen wollen

GIB NICHT ALLES, GIB DAS RICHTIGE

Seminare und Vorträge für äußere und innere Erfolge, zu folgenden Themen:

- **Teamentwicklung**
- **Führungskompetenz**
- **Potentialentwicklung**
- **Gesundheitsmanagement**
- **Power-Retreats für Frauen**
- **Coaching**

Kontaktieren Sie uns. Wir begleiten Sie dabei, das zu erreichen, was wirklich wichtig ist.

**20 Jahre Seminarerfahrung
Ihre Trainer Claudia Maurer und Shaolin Shi Xing Mi
für mehr Energie, Balance und Gelassenheit.**

Informationen und Buchung unter cm@maurer-training.de
www.maurer-training.de